일곱 봉인의 비밀

일곱 봉인의 비밀
요한묵시록에 대한 새로운 접근

2022년 3월 3일 교회 인가
2022년 3월 10일 초판 1쇄

지은이   배은주
펴낸이   박현동
펴낸곳   성 베네딕도회 왜관수도원 분도출판사
찍은곳   분도인쇄소

등록   1962년 5월 7일 라15호
주소   04606 서울 중구 장충단로 188 분도빌딩 102호(분도출판사 편집부)
            39889 경북 칠곡군 왜관읍 관문로 61(분도인쇄소)
전화   02-2266-3605(분도출판사) · 054-970-2400(분도인쇄소)
팩스   02-2271-3605(분도출판사) · 054-971-0179(분도인쇄소)
홈페이지   www.bundobook.co.kr

ISBN   978-89-419-2202-5   93230

일곱 봉인의 비밀

요한묵시록에 대한 새로운 접근

배은주 지음

분도출판사

들어가며

이 책을 읽으실 한 분 한 분께 마음을 담아 감사의 인사를 드립니다. 혼자 간직하던 묵시록의 이해를 함께 나누면서, 나눔의 기쁨이 감사로 번져 남을 느낍니다. 이 책이 나오게 된 과정을 돌아보는 것으로 머리글을 대신하려 합니다.

요한묵시록은 첫 대면 때 너무 어렵고 혼란스러웠기에 저에게는 성경 일흔세 권 중 가장 멀리하고 싶은 책이었습니다. 그러나 수년 전, 주님의 섭리가 비켜 갈 수 없는 계기를 마련해 주어 여전히 복잡해 보이는 책을 읽고 또 읽을 수밖에 없었습니다. 가장 먼저, 그리고 깊게 와닿은 것은 단락마다 배어 있는 저자의 노심초사였습니다. 저자가 온갖 방법을 다 동원해 로마 박해의 어려움 속에 있던 독자들이 자신의 글을 읽거나 들으며 확고하게 신앙 결단을 할 수 있도록 안타까울 정도로 애를 쓰고 있음을 느꼈다고나 할까요?

사실 학계는 오늘까지도 묵시록의 참 저자가 누구인지 단정 짓지 못하고 있습니다. 하지만 교회의 오랜 전승은 그가 에페소를 중심으로 소아시아에서 사목 활동을 하고 있던 사도 성 요한이라 일러 줍니다. 신앙 때문에 유배를 당해 파트모스섬의 험하고 가파르기 그지없는 채석장에서 돌을 깨고 나르던 구십 안팎의 노인 요한. 그가 힘겨운 삶 가운데서도 두고 온 양들에 대한 끊임없는 걱정과 애정 그리고 주님에 대한 불타는 사랑과 희망으로 이 책을 썼다는 것입니다. 과연 저는 묵시록에서 그에 걸맞은 불길을 만나게 되었습니다.

사위가 고요하던 어느 날 밤, 읽던 책을 덮고 허공을 보던 중 영감처럼 스치는 생각이 있었습니다. 혹시 성령의 힘을 입은 저자가 이야기로써 독자에게 다가서고 있는 건 아닐까? 이야기는 가장 설득력 있는 전달의 도구이니 말입니다. 복잡해 보이는 중심 환시에 설화비평적 방법을 적용해 보았습니다. 이해의 물꼬가 트이고 퍼즐이 맞춰지며 글의 짜임새가 드러나기 시작했습니다. 그리고 그때부터 제 안에서도 뜨거운 불길이 치솟아 올랐습니다. 아아, 얼마나 선명하고 질서정연한 글인지! 복음의 요체가 얼마나 단단하게 그 안에 뿌리내리고 있는지! 묵시록의 단순함과 깊이를 많은 분과 나누고 싶어졌습니다. 더불어 묵시록에서 비롯한 미혹들과 그로 인한 사회적 혼란이 조금이라도 줄어든다면 하는 바람도 생겨났습니다.

평이하여 누구나 읽기 쉬운 책으로 쓰고 싶은 마음이 간절하였지만 제가 가진 시간과 에너지와 필력의 한계를 절감할 수밖에 없었습니다. 다른 한편으로 저의 관찰이 터무니없는 주장이 되지 않기 위해 학계와의 소통이 필요함을 느꼈습니다. 마침내 소논문의 형식을 빌려 글을 썼습니다. 딱딱하고 어려운 점이 아쉽지만 어려운 부분을 조금씩 건너뛰면서라도 인내롭게 읽다 보면, 그리고 책의 말미에 별지로 마련한 【표】를 안내 삼아 읽는다면, 종국에는 그 간결함이 어떻게든 이해되지 않을까 하는 기대를 가집니다. 동시에 책의 요지, 곧 주 흐름을 쉽게 따라갈 수 있도록 웬만한 것은 모두 각주로 처리하였기에 각주와 함께 보신다면 내용이 훨씬 보완되리라 믿습니다.

적은 부피와 함께 아직 채워야 할 부분이 많지만, 이 책을 필두로 요한묵시록의 세계가 새롭게 펼쳐질 수 있기를 간절히 희망합니다.

그동안 힘이 되어 주신 툿찡 포교 베네딕도수녀회의 수도 가족들, 마음으로 응원해 주신 대구 베네딕도 성경학교의 학생들, 그리고 기꺼이 출판을 허락해 주신 분도출판사와 그 밖에 도움을 주신 많은 분께 깊은 감사를 드립니다.

하느님, 영원히 찬미받으소서!

2022년 주님 봉헌 축일에
배은주 이사악

차례

들어가며 5

1. 글의 목적 13

2. 중심 환시에 들기 전 15
  2.1 요한묵시록의 기본 구조와 문학적 특징 15
  2.2 제I부(1,1-20)와 제II부(2,1-3,22) 16
    2.2.1 책의 성격, 주요 내용 그리고 목표 16
    2.2.2 독자 17
    2.2.3 제I부, 제II부가 제III부에 미치는 영향 21

3. 중심 환시: 제III부(4,1-22,5) 23
  3.1 줄거리와 그 다양한 순간들 24
  3.2 전개와 해결 부분(6,1-20,15) 26
    3.2.1 〈가〉 일곱 봉인(6,1-8,6) 26
      3.2.1.1 첫째 봉인(〈가1〉 6,1-2) 27
      3.2.1.2 둘째~넷째 봉인(〈가2〉~〈가4〉 6,3-8) 28
      3.2.1.3 다섯째 봉인(〈가5〉 6,9-11) 29
      3.2.1.4 여섯째 봉인(〈가6〉 6,12-7,17) 31
      3.2.1.5 일곱째 봉인(〈가7〉 8,1-6) 35

3.2.2 〈나〉 일곱 나팔(8,7-11,19)   36

   3.2.2.1 첫째~넷째 나팔(〈나1〉~〈나4〉 8,7-13)   36

   3.2.2.2 다섯째 나팔(〈나5〉 9,1-12)   37

   3.2.2.3 여섯째 나팔(〈나6〉 9,13-11,14)   42

   3.2.2.4 일곱째 나팔(〈나7〉 11,15-19)   47

(보충 관찰 1) 묵시록의 문학 기법   48

   1) 본문의 범주   48

   2) 시리즈와 시리즈 사이의 연결   54

3.2.3 〈다〉 일곱 광경(12,1-15,8)   66

   3.2.3.1 첫째~셋째 광경(〈다1〉·〈다3〉 12,1-13,18)   66

   3.2.3.2 넷째 광경(〈다4〉 14,1-5)   68

   3.2.3.3 다섯째 광경(〈다5〉 14,6-13)   69

   3.2.3.4 여섯째 광경(〈다6〉 14,14-20)   70

   3.2.3.5 일곱째 광경(〈다7〉 15,1-8)   71

3.2.4 〈라〉 일곱 대접(16,1-21)   72

3.2.5 〈마〉 일곱 진풍경(17,1-20,15)   73

   3.2.5.1 재앙 주제(〈가2〉~〈가4〉)   74

   3.2.5.2 심판과 복수의 주제(〈가5〉)   76

   3.2.5.3 선택과 구원의 주제(〈가6〉)   79

   3.2.5.4 흰말을 탄 이(〈가1〉)   81

   3.2.5.5 진군의 특징   93

3.3 결말 부분(21,1-22,5)   94

4. 중심 환시를 마친 후 97

4.1 제IV부(22,6-21) 97

(보충 관찰 2) 대립 상징들 99

1) 두 어린양 99

2) 두 여인 102

3) 대립 상징들 107

5. 종합과 결론 113

5.1 글의 짜임새 113

5.2 두 개의 시각 115

5.3 중심 환시의 신학과 영성 118

5.4 결론 120

참고문헌 125

.1.

글의 목적

요한묵시록은 아마도 집필되던 당시만 빼고는[1] 초세기부터 오늘에 이르기까지 그 뜻을 알아듣기가 만만치 않다. 본문을 어떤 식으로 접근하느냐에 따라 뜻풀이의 차이가 엄청나 이를 바탕으로 많은 신흥종교가 생겨나기도 하였다. 특히 책의 구조, 그 가운데서도 4,1-22,5에 수록된 중심 환시 부분에 대한 해설은 거의 2000년이 지난 오늘까지도 너무 각양각색이어서 아직 공공연하게 합의된 어떤 구조도 없을 뿐 아니라, 그런 구조를 찾으려는 것조차 합당치 않다는 말도 종종 대두된다.[2] 사실 구조를 어떤 식으로 이해하느냐가 내용

---

1 당시 묵시록을 읽거나 듣던 그리스도인들은 우리보다 훨씬 쉽게 이 책을 이해하였을 것이 틀림없다. 그들이 처했던 상황이 책의 배경이 되기도 했지만, 마치 예수님이나 사도 바오로 혹은 아폴로가 그러했던 것처럼, 그들에게도 구약성경이나 교회의 교리에 해박한 해설자가 있어 도움을 주었을 수 있기 때문이다. 실상 1,3은 성도들 앞에서 "예언의 말씀을 낭독하는 이"가 있었음을 알리며, 편지가 직접 전달된 일곱 교회의 천사(메신저) 또한 그런 역할을 했음 직하다.

2 "묵시록에서 구조를 찾으려는 것은 문제가 있다. 두 개의 공통된 구조가 없을 만큼 해설자마다 나름의 구조를 제안한다고 봐도 된다." Joseph L. Mangina, *Revelation*, Grand

의 이해에 막대한 영향을 미친다는 것은 잘 알려진 사실이다.

이 소논문 형식의 글은 책의 전체 맥락을 간과하지 않은 채 일곱 봉인이 담긴 묵시록의 중심 환시 부분(4,1-22,5)을 집중적으로 관찰함으로써 묵시록의 이해에 새로운 출구를 찾는 것을 목적으로 한다.[3] 곧 중심 환시의 구조와 구성 원리를 밝힘으로써 한층 일관성 있고 통합적인 해석을 얻으려는 동시에, 학계의 많은 논란과 의견의 차이가 주로 중심 환시 부분에서 오기에 이에 대해서도 좀 더 명쾌한 답을 찾아보려는 것이다.[4]

Rapids, Brazos press, 2010, 30; 김추성, 『요한계시록 1-9장』, 킹덤북스, 2018, 90.

3 본문에 다가가기 위한 방법으로, 역사비평학을 주 도구로 사용하여 성경 본문을 여러 전승으로 구분하거나 전승의 역사를 알아내려는 통시적(通時的) 접근을 뒤로 미루고, 본문을 한꺼번에 읽는 공시적(共時的) 접근을 먼저 시도할 것이다.

4 이 글은 일반 독자들이 이해할 수 있도록 가능한 한 평이하게 논증을 이어 가려 하지만, 묵시록 해석의 역사를 잘 아는 사람은 글의 내용, 특히 각주들을 통해 학계가 오랫동안 제기한 주된 의문들, 불확실하거나 간과한 것들, 혹은 합치점을 찾을 수 없는 다양한 의견들에 답하려 하고 있음을 쉽게 느낄 것이다.

.2.

중심 환시에 들기 전

2.1 요한묵시록의 기본 구조와 문학적 특징

책 전체는 크게 다음의 네 부분으로 나눌 수 있다.

- 제I부(1,1-20)[5]: 시작말

- 제II부(2,1-3,22): 일곱 교회에 보내는 편지

- 제III부(4,1-22,5): 중심 환시

- 제IV부(22,6-21): 맺음말

책의 네 부분은 상호 간에 밀접히 연결되어 있는데[6] 요한[7]은 책의 큰

---

5 묵시록의 장, 절을 표시할 경우 굳이 '묵시'라고 표기하지 않았다.

6 어구의 반복은 다음과 같다. I부와 II부(1,5→3,14; 1,14-15→2,18; 1,16→2,12; 1,17-18→2,8; 1,20→2,1). I부와 IV부(1,1 ㄱ→22,6; 1,1 ㄴ→22,16; 1,3 ㄱ→22,7; 1,3 ㄴ →22,10 ㄴ; 1,7→22,20; 1,8→22,13). III부와 나머지 부분의 관계는 본고의 내용에서 차 차 밝힐 것이다.

7 도미티아누스 황제 통치 말엽에 쓰인 것으로 보이는 이 책의 저자로 요한, 저자, 설

틀을 편지 형식으로 구성한다(I부, II부, IV부). 사실 문학의 모든 장르 중 편지만큼 독자를 더 개별적인 관계 안으로 끌어들이는 것은 없다. 그런데 요한은 편지 형식과는 사뭇 거리가 멀어 보이는 중심 환시 부분(III부)을 편지 한가운데 놓음으로써 그 환시들이 편지의 일부분으로서 직접 독자 자신에게 향하는 것처럼 느끼게 하고 싶어 하는 듯하다. 실제로 III부가 펼치는 환시의 한가운데서조차 독자는 자신들을 향한 목소리를 감지할 수 있으니 요한이 독자와의 소통을 얼마나 중요시했는지 알 수 있다.[8]

2.2 제I부(1,1-20)와 제II부(2,1-3,22)

III부를 관찰하기 전에 그것을 준비하는 I부와 II부의 몇몇 특징을 간단히 알아보는 것은 도움이 될 것이다.

2.2.1 책의 성격, 주요 내용 그리고 목표

요한은 I부에서 자신의 책을 두고 잘 전달된 하느님의 계시인 동시에 예언이며 증언이라고 한다(1,1-3). 이렇게 함으로써 독자들에게 이 책의 내용이 참되고 믿을 만한 것이라 소개하는데 삼위일체 하느님에 대한 고백과 함께 드러나는 권위(1,4-8)는 그 점을 더

화자를 구별 없이 사용하기로 한다.

8 따라서 본문을 더 깊이 이해하기 위해 어느 정도의 '독자응답비평'은 바람직하다고 본다.

욱 뒷받침해 준다. 요한이 다룰 내용은 '지금 일어나고 있으며 머지 않아 반드시 일어날 일들'(1,1; 참조: 1,19; 22,6)로서 이는 다름 아닌 III 부에 나타나는 중심 환시다. 다시 말해 책의 시작부터 이 책의 주된 내용이 중심 환시임을 밝히고 있는 것이다. 하느님께서 이런 환시를 보여 주시는 목적은 분명하니 독자가 그 안에 기록된 것을 지켜 행복을 얻게 하려는 것이다(1,3). 요한은 "그때가 다가왔기 때문입니다"라는 말로써 독자가 그 목적을 향해 즉시 행동할 것을 촉구하는데 이러한 분위기는, 앞으로 보겠지만, III부에서도 흔들림 없이 지속된다.

일곱 교회에 보내는 편지로 구성된 II부는 가장 현실적인 부분으로서 독자가 직접적으로 자신의 현 상황을 돌아보게 만든다. 사실 이러한 II부의 문학 형태는 얼핏 보기에 계시를 담은 다른 부분들과 어울리지 않는 듯하지만 거기 실린 내용으로 말미암아 결코 III부와 단절될 수 없게 된다.

　III부가 II부의 단어나 어구들을 반복함은 물론 독자의 현 상황을 직간접적으로 반영하거나 그의 응답을 촉구하면서 독자는 II부에서 자신이 들었던 칭찬과 꾸중, 권고와 약속의 말씀을 상기할 수밖에 없기 때문이다.

2.2.2 독자
　이 책의 독자들은 요한에게뿐 아니라 하느님과 예수님에게도 매우 중요하다. 실제로 이분들이 요한에게 환시를 보여 주고 그것을 쓰게 한 이유도 바로 그 독자들 때문이었다(1,1.11). 주목할 만한 점은 요한이, 더 정확히는 요한의 입을 통해 하느님 혹은 그리스도가 그들을 매우 귀한 존재로 부각하는데, 이는 I부와 II부에서 더욱 도드라진다. 몇 가지만 살펴보면 다음과 같다.

• **하느님의 종**: '하느님의 종'(1,1)이란 하느님을 섬기며 하느님을 대행하여 하늘과 땅 사이의 중개자 역할을 하는 심부름꾼으로서 보편 인간을 뛰어넘는 고귀한 품위를 지닌 존재다. 구약성경에서는 성조들, 이스라엘의 왕이나 예언자들, 그리고 하느님의 백성 이스라엘에게 이 칭호가 주어졌는데(레위 25,55; 창세 50,17), 묵시록에서는 모세(15,3), 예언자들(10,7; 11,18), 요한(1,1)과 함께 그리스도인들도 이 칭호로 불린다(1,1; 22,6.9; 참조: 7,3; 19,2.5; 22,3). 이와 관련해 흥미로운 장면이 있다. 요한이 땅에 엎디어 하늘의 천사에게 절하려 하였을 때 거절을 당하는데, 까닭은 그 천사 또한 요한과 그 형제들, 곧 충실한 그리스도인들과 같은 종(σύνδουλος: 19,10; 22,9)이기 때문이라는 것이다. 그리스도인들이 얼마나 고귀한 품위를 지녔는지를 잘 드러내 주는 대목이라 하겠다.

• **천사**: 일곱 교회의 천사(1,20; 2,1.8.12.18; 3,1.7.14)를 두고 학자들은 심부름꾼, 수호천사 혹은 주교와 같은 지역 교회의 으뜸 인물 등 다양한 해석을 한다. 그러나 본문을 자세히 들여다보면 다르게 해석할

가능성이 보이기도 한다. 예수님은 각 교회의 천사를 '너'(단수)라고 하셨다가 쉽게 '너희'(복수)로 바꾸시며(2,10.13-15.20.23 등), 각 천사에게 말씀을 주실 때 메시지를 전달할 임무를 받은 한 개인보다는 공동체 전체를 직접 향하고 있음이 눈에 띈다. 그 가운데 몇 명은 그릇된 길을 걷는 반면 또 다른 몇은 승리의 길을 걸어 상을 받게 될 것이다. 한마디로, 예수님은 여기서 각 교회 공동체의 영적 실재를 하나로 묶어 '천사'라고 명명하시는 듯하며, 이는 타락한 이교인들과 충실한 그리스도교인들의 윤리적 실재를 각각 '탕녀'와 '순결한 아내'라는 개별 인격체로 묘사한 것과 비슷하다고도 볼 수 있겠다.

• **별**: 예수님은 당신 오른손에 쥐고 계신(1,16) 일곱 별을 일곱 교회의 천사들이라고 알려 주신다(1,20). 구약성경에서 별은 종종 거룩한 지혜를 가진 사람을 상징하는데(다니 12,3; 지혜 10,17), 이스라엘 백성은 자신들이 토라를 통해 그 거룩한 지혜를 받은 것으로 여겼다(신명 4,5-8). 신약성경은 그리스도인들이 성령을 통해 이 지혜를 얻으며(1코린 12,8; 에페 1,17 참조) 그들이 세상을 비추는 별의 역할을 해야 함을 이야기하고 있다(필리 2,15).

• **황금 등잔대**: 황금 등잔대는 성전의 지성소 가장 가까이에 놓이는 귀한 물건인데(탈출 27,21; 1열왕 7,49) 이제는 교회의 구성원들이 바로 그에 비유된다(1,20). 다시 말해 성도들은 하느님 가까이 머물며 끊임없이 빛을 밝혀야 할 존재들이다.

• **부활하신 그리스도와의 친밀성**: 죽음과 저승의 열쇠를 가지신 부활하신 그리스도는 신도들 가운데 현존하신다(1,12 참조). 그분은 강한 권능으로 그들을 붙잡고 계시며(1,16) 그들 모두의 내외적 사정을 다 아시고 그들을 돌보시며 마지막 승리에로 이끄신다.

이 모든 것을 한마디로 요약해 보면 결국 이 책의 독자들은 하느님과 예수님께 몹시 가까운 귀한 존재로서 그분들의 사랑을 받으며(3,9.19 참조) 나름의 소명을 지닌 이들이다.

그렇다면 더 구체적으로 이 독자들은 과연 누구인가? 두말할 나위 없이 저자가 직접적으로 겨냥하는 이 책의 독자(假想讀者, virtual reader)는 누구보다 먼저 요한의 동시대인으로서 로마의 박해 아래 살던 소아시아의 일곱 교회 신자들이다(1,9). 하지만 몇 가지 점들이 그 범주를 일곱 교회 너머까지 확장해야 함을 알려 준다. II부에서 "귀 있는 사람은 성령께서 여러 교회에 하시는 말씀을 들어라"라는 말이 일곱 번 나오는데(2,7.11.17.29; 3,6.13.22) 이는, 독자가 어느 특정 교회에 속하는가에 상관없이, 전체 메시지가 교회의 모든 신도를 향하고 있다는 뜻이다.

사실 일곱 편지에 나열된 책망이나 칭찬을 들은 행동들은 III부에서 박해 아래 있는 모든 이에게 적용되고 있다. 나아가 승리를 얻은 사람들의 수도 일곱 교회의 신자를 다 합친 정도를 훨씬 넘어서고 있으며(7,4.9 참조), 앞으로 자주 보게 되겠지만 묵시록이 애용하는 '일곱'이라는 수의 상징성도 함께 고려해야만 한다. 결론적으로, 요한은 구체적인 일곱 교회 신자들을 향한 시선을 잃지 않은 채 자신의 동시대는 물론 그 너머까지의 그리스도인 모두를 염두에 두고 책을 쓴 듯하다.

2.2.3 제I부, 제II부가 제III부에 미치는 영향

　종합해 보면 독자들은 대부분이 사회적으로는 하찮기 짝이 없고 핍박받는 존재들이었을지 모르지만, I부와 II부를 다 읽거나 들은 후 한껏 고양된 자존감과 더불어 하느님과 예수님께 친밀감을 느끼면서 책 내용의 진정성에 신뢰를 갖게 되었을 것이다. 아울러 자신들의 현실을 되짚어 보며 벌에 대한 두려움이나 승리의 희망도 품게 되었을 것이다. 그리고 바로 이 시점에서 중심 환시(III부)로 인도되니, 거룩한 편지의 수신인으로서 자신들에게 주어질 메시지에 열심히 귀를 기울일 준비가 갖추어진 것이다.

.3.

중심 환시: 제III부(4,1-22,5)

요한은 독자를 자신의 저술 목표로 최대한 이끌기 위해 그들의 상상
력을 한껏 자극하는 드라마틱한 이미지들과 소리, 풍부한 상징들과
수사학적 기법, 설화자 목소리의 잦은 개입 등 다양한 문학 기법을
사용한다. 그런데 그 가운데서도 가장 특별한 것은 요한이 환시들을
엮어 가는 원칙, 곧 구조(structure)와 구성(organization)의 방식이라 하
겠다. 그는 환시들을 이야기(설화, 내러티브) 형식을 도입해 구성한다.
왜 하필 이야기 형식인가? 이야기란 일반적으로 독자에게 가장 영
향력을 미치는 글의 형태이기 때문이다. 이야기는 사람을 자연스럽
게 그 내적 역동성 안으로 끌어들여 삶의 더 깊은 차원에 말을 걺으
로써 정신과 정서를 형성하고 마침내 삶을 변화시키는 힘을 갖는다.
모세오경이나 복음서 등 계시의 위대한 순간들 대부분이 설화 형식
으로, 곧 오늘날 우리가 쉽게 말하는 '스토리텔링' 형식으로 쓰인 것
도 바로 이런 이유다. 다시 말해 요한은 환시들이 하나의 줄거리를
갖추고 흘러갈 수 있도록 배열하였다. 따라서 본문 연구의 출발을

무엇보다 먼저 설화비평적 접근으로 시작하는 것이 바람직하다고
본다.[9]

3.1 줄거리와 그 다양한 순간들

줄거리(plot)는 설화자(narrator)와 더불어 설화를 이루는 두 기둥 중
하나이다. 따라서 줄거리의 종류와 그 다양한 순간들을 알아내는 것
은 중요하니 이제 중심 환시를 '도입(exposition), 발단(inciting moment),
전개(complication), 해결(resolution), 결말(aftermath)'이라는 설화의 고전
적 행정을 따라 살펴보기로 하겠다.[10]

---

9 이 글에서는 설화비평에 관한 이론을 상세히 다루지 않은 채 그 바탕 위에서 설명해
나갈 것이다. 설화분석의 제반 이론에 대해서는 다음의 책들을 참조하기 바란다. 다니엘
마르그라 · 이방 부르캥, 『성경 읽는 재미: 설화분석 입문』, 염철호 · 박병규 옮김, 바오로
딸, 2014; 장 루이 스카, 박요한 영식 옮김, "공시적 방법: 설화분석", 시미안 요프레 엮음,
『구약성서 연구 방법론』, 성서와함께, 2000, 223-270.

10 이는 아리스토텔레스가 제시한 설화의 특성들로서 오늘날까지도 크게 인정받고
있는 이론이다. 줄거리에는 크게 두 종류, 곧 행위의 줄거리와 계시의 줄거리가 있다. 행
위의 줄거리란 상황의 변화, 곧 행복한 상황에서 불행한 상황으로 넘어가거나 혹은 그 반
대가 일어나는 과정을 묘사하는 반면, 계시의 줄거리는 이야기 처음의 무지(無知)에서
최후의 지식(知識)으로 넘어가는 이행 과정을 그린다. 줄거리의 다양한 순간들(different
moments of the plot)의 경우, 설명하는 용어들의 번역이 다양해 영어를 함께 실었다.
묵시록을 설화비평적 방법으로 설명하는 학자들이 간혹 있지만(예를 들어 James. L.
Resseguie, *The Revelation of John, A Narrative Commentary*, Baker Academic, Grand
Rapids, Michigan, 2009), 줄거리의 다양한 순간들을 통해 접근한 경우는 아직 없는 듯
하다. 이렇게 할 수 있는 이유는, 앞으로 보게 되겠지만, 중심 환시의 배열이 전체적으로
한 이야기의 흐름으로 곧 통합된 줄거리(unified plot)의 형식으로 되어 있기 때문이다.
본 논문을 더 쉽게 이해할 수 있도록 중심 환시의 구조와 구성을 종합한【표 1】을 먼저 제

• **도입(4,1-11)**: 도입은 줄거리에 중요한 행위가 일어나기 전에 주요 인물 등 상황에 대한 기본 정보를 제공해 주는 부분이다. 4장이 그리는 천상의 엄위로운 광경은 '어좌에 앉아 계신 분'을 중심으로 펼쳐지는데 독자는 이러한 배경 아래서 전체를 읽어 가도록 초대받는 것이다. 곧, 하느님이야말로 창조주요 모든 권능을 지니신 영원한 분이며 모든 계시(환시)의 근원으로서 역사의 주도권을 갖고 계신 분이다. 따라서 유일하게 찬미받으실 분이다.

• **발단(5,1-14)**: 처음으로 문제가 발생하여 독자의 기대를 유발하는 곳이다. 요한은 봉인된 두루마리 때문에 울고 있다. 박해의 깜깜한 어두운 시간 안에서 '하느님 어디 계십니까? 언제까지입니까?'라고 처절히 울부짖을 수밖에 없었던 당시 신자들을 위해 하느님이 계획하시는 인류 역사의 비밀을 알아야 하기 때문이다. 따라서 일곱 번 봉인된 두루마리의 내용을 아는 것이 가장 중요한 문제이므로 III부의 기본 줄거리는 '모름(무지)→앎(지)'으로 넘어가는 '계시의 줄거리'(plot of revelation)가 되겠고, 이는 "예수 그리스도의 계시"라 기록하고 있는 책의 제목(1,1)과도 잘 어울린다. 대부분의 이야기에 다양한 종류의 부(副) 줄거리가 섞여 나오기 마련이니, 중심 환시 안에 시작과 끝의 상황이 역전되는 '행위의 줄거리'(plot of action)도 나오지만 이것이 기본 틀을 이루지는 않는다.

시한 후 차츰 연역적으로 증명해 가기로 하겠다.

• **전개(6,1-16,21)**: 봉인을 여는 것과 함께 시작되는데 일곱 개나 되는 봉인의 뜻이 다 밝혀져야 하므로 그 과정이 결코 만만치 않을 것은 뻔하다. 환시들이 이어지며 긴장을 고조하고, 인류 역사의 비밀은 네 단계 시리즈(〈가〉~〈라〉)를 거치고서야 제대로 밝혀질 것이다.

• **해결(17,1-20,15)**: 문제들이 여기서 다 해결된다(〈마〉). 몰랐던 사실은 알게 되고(계시의 줄거리의 절정: anagnorisis), 처음 상황은 뒤바뀐다(행위의 줄거리의 절정: peripeteia). 따라서 더 이상 긴장이 남아 있지 않다.

• **결론/결말(21,1-22,5)**: 사건들이 초래한 마지막 결과를 알려 주는데, 중심 환시는 새 예루살렘의 기쁨을 보여 주는 해피엔딩 스토리이다.

3.2 전개와 해결 부분(6,1-20,15)

3.2.1 〈가〉 일곱 봉인(6,1-8,6)

전개의 이 첫 번째 층은 다섯 시리즈 중 가장 특별할 뿐 아니라 가장 중요하기도 하다.[11] 단지 일곱 봉인이 열리기 때문만이 아니라

---

11 일곱 봉인의 중요성은 아무리 강조해도 부족할 정도다. 이제껏 이들이 중심 환시의 나머지 환시들과 갖는 관계가 소홀하게 다루어지거나 혹은 중요하지 않은 것으로 여겨졌는데(Gordon D. Fee, *Revelation*, Eugene, Oregon, 2011, 91; J. L. Resseguie, *Revelation*, 125-126), 바로 이 점이 환시의 해석에 있어 대부분 학계와 이 소논문 사이에 결정적 차이를 갖고 오는 시발점이 된다고도 할 수 있다.

앞으로 발전되어 갈 이야기에 씨앗을 제공하기 때문이다. 대부분 설화가 한 가지 핵심 문제를 풀어 나간다면, 역사에 대한 하느님의 복합적 계획 때문인지 여기서는 풀어야 할 요소들이 일곱이나 된다. 다시 말해 독자는 일곱 개의 봉인이 소개하는 소주제들(motifs) 이 〈나〉~〈라〉시리즈를 통과하며 각각 하위 줄거리들(minor plots)로서 발전된 후에야 계시의 줄거리의 대주제(theme)를 풀어내게 되는 것이다. 따라서 첫 일곱 봉인을 자세히 관찰할 필요가 있다.[12]

3.2.1.1 첫째 봉인(〈가1〉 6,1-2)

흰말 탄 기수의 등장, 활, 승리 등의 단어와 함께 무언가 전쟁이 발발할 듯한 예감을 갖게 한다. 동시에 짧고 모호한 설명으로 말미암아 독자는 여러 가지 의문을 갖게 된다.

-흰말을 탄 이는 누구며, 어떤 종류의 전쟁을 하러 나아가는 것인지?

-활을 갖고 있다는 것, 그리고 승리자로서 화관을 받는 것과 더 큰 승리를 향한다 함은 무슨 뜻인지?

---

12 '계시의 줄거리'란 단서를 따라 범인을 찾아가는 탐정소설을 읽는 듯한 태도로 중심 환시를 읽어야 한다는 뜻이기도 하다. 독자는 각 환시 장면이 담고 있는 뜻을 단번에 다 알아내지 못하고 줄거리가 점차 펼쳐지면서 지식을 조금씩 더 늘려 가게 되며, 다 읽고 나서 종합하는 가운데 마침내 완전한 이해에 다다르게 된다. 따라서 이 논문의 해설도 독자의 이해 정도에 발맞추어 진행하는 것이 바람직할 것이다. 아울러 숙고해야 할 점은 묵시록 전체도 그렇지만, 그 가운데서도 특히 중심 환시 부분은 성경의 여러 다른 책에 의존하는 정도가 높은데, 저자는 성경의 어느 문구나 상징을 차용할 때 그저 단순하게 따오는 것이 아니라 맥락에서 갖는 의미와 함께 옮겨 싣게 되므로 이들을 그 문맥과 함께 살펴볼 때에야 본문의 뜻을 제대로 이해할 수 있게 된다.

3.2.1.2 둘째~넷째 봉인(〈가2〉~〈가4〉 6,3-8)

이어서 등장하는 세 기수의 정체도 의문을 불러일으키는데, 사용되는 단어들로 말미암아 각각의 상징이 가리키는 바가 비교적 뚜렷하고, 6,8ㄴ은 이들을 종합한다. 곧, '전쟁'과 '기근'과 '흑사병'과 '들짐승'으로 말미암아[13] 땅의 사분의 일에 해당하는 만큼의 사람들이 죽을 것이다. 따라서 이 세 봉인은 죽음까지 가닿는 불길한 재앙의 분위기를 전달한다. 이러한 재앙은 어디서 혹은 누구에게서 비롯하는 것일까? 악의 세력인가 아니면 하느님인가?

만일 우리가 6,1-8을 상통하는 구약성경 구절들과 함께 읽으면 이 봉인들에 대한 흥미로운 해석이 가능하게 된다. 구약성경에는 '전쟁, 기근, 흑사병 그리고 들짐승의 밥'이 셋 혹은 넷씩 한데 묶여서 나오는 경우가 허다한데 이들이 나타나는 문맥을 살펴보면 대체로 하느님이 재앙의 주체이시다. 하느님이 죄에 대해 엄히 경고하거나 벌하실 때, 회개로 초대하실 때, 또는 죄지은 이들을 향해 진노하고 심판하실 때 단골처럼 나타나는 메뉴라 하겠다.[14] 이들은 마치 한 꾸

---

13 둘째 봉인은 '붉은 색(=피흘림), 서로 죽임, 평화를 앗아 감, 큰 칼' 등으로 전쟁을, 셋째 봉인은 '검은 색(=죽음), 저울, 비싼 곡식'으로 기근을 상징한다. 특히 "밀 한 되가 하루 품삯이며 보리 석 되가 하루 품삯"이라고 울려오는 목소리는 극단적인 굶주림의 고통을 보여 주는 2열왕 6,24-7,20의 정황을 떠올리게 한다. 마지막으로 넷째 봉인은 '푸르스름한 색(=시체의 색깔)과 죽음, 저승'이라는 말을 통해 '흑사병'과 '들짐승'에 의한 희생을 가리킴을 알 수 있다.

14 몇 가지 예를 들면 다음과 같다.
-2사무 24,13: "가드가 다윗에게 가서 이렇게 알렸다. '임금님 나라에 일곱 해 동안 기

러미로 된 숙어처럼 쓰이는 까닭에 성경 다른 부분들의 용례에서처럼 재앙이 꼭 그런 식으로만 일어날 필요도 없다. 사실 6,2-8 사이에 네 번이나 쓰인 신학적 수동태 '주어지다'(ἐδόθη)도 이 기수들의 파견이 하느님에게서 비롯한다는 것을 시사한다. 그렇다면 또다시 곧바로 답을 얻을 수 없는 질문들이 생겨난다.

-하느님은 무엇 때문에 재앙들을 보내시며, 그것을 어떤 식으로 일으키실지?

-이 재앙으로써 하느님이 겨냥하시는 대상은 과연 누구인지?

-올리브기름과 포도주는 왜 재앙에서 제외되는지?

3.2.1.3 다섯째 봉인(〈가5〉 6,9-11)

앞과는 전혀 다른 인물과 주제를 선보이는데, 순교자들의 영

근이 드는 것이 좋습니까? 아니면, 임금님을 뒤쫓는 적들을 피하여 석 달 동안 도망 다니시는 것이 좋습니까? 아니면, 임금님 나라에 사흘 동안 흑사병이 퍼지는 것이 좋습니까?'"

-1열왕 8,37: "이 땅에 기근이 들 때, 흑사병과 마름병과 깜부깃병이 돌거나 메뚜기 떼와 누리 떼가 설칠 때, 적이 성읍을 포위할 때…."

-예레 16,4: "그들(=죄지은 백성)은 칼과 굶주림으로 죽어 가리니, 그들의 시체는 하늘의 새들과 땅의 짐승들 밥이 될 것이다."

-에제 14,21: "주 하느님이 이렇게 말한다. 그러니 내가 예루살렘에 네 가지 해로운 심판, 곧 칼과 굶주림과 사나운 짐승들과 흑사병을 보내어 사람과 짐승을 잘라 낼 때에는 어떻게 되겠느냐?"

-에제 33,27: "주 하느님이 이렇게 말한다. 내가 살아 있는 한, 폐허에 있는 자들은 칼에 맞아 쓰러질 것이다. 들판에 있는 자는 짐승에게 잡아먹히게 하겠다. 산성과 동굴에 있는 자들은 흑사병으로 죽을 것이다." 이에 대한 더 상세한 해설은 본고 3.2.5.1을 보라.

혼이 하느님께 자기들을 죽인 '땅의 주민들'[15]에 대한 심판과 복수를 청하고 있다. '심판'이란 성경 전체에 일관되게 나타나는 주제로서 무엇보다 '하느님의 의로우심이 공공연하게 드러나는 일'이니 거기에는 응당 상과 벌이 다 포함된다(11,18; 20,13; 시편 58,12; 75,8-11; 94,2.15). 또 한편 '복수'란 심판의 부정적 측면의 한 양상으로서 잘못한 이들의 행실을 그대로 '되갚는 것'이다. 성경 전체에서, 하다못해 복수와 저주의 대표로 꼽히는 시편 109편에서까지도 볼 수 있듯이 하느님은 복수를 통해서도 당신의 의로우심을 드러내시고 이로 말미암아 찬미받으신다. 그러므로 순교자들의 이 청원은 살의에 가득 찬 증오심의 발로이기보다는 하느님의 의로우심을 한시라도 빨리 펼쳐 달라는 뜻으로 알아들을 수 있고, 다섯째 봉인의 주제는 무엇보다 '심판과 복수'로서 행위의 줄거리('청원→청원이 채워짐')를 기대하게 한다. 이제 독자는 호기심 어린 질문을 하지 않을 수 없다.

-하느님은 누구에게 어떤 식으로 심판하고 복수하실 것인지?

처참했던 지상 생활 후 하느님은 순교자들의 영혼을 하늘 성전의 제단 아래, 곧 가장 귀한 장소에 자리하게 하셨을 뿐 아니라 희고 긴 겉옷[16]을 주심으로써 다시 한번 더 그들의 품위를 높이신다. 하지만 동

---

15 묵시록에서 '땅의 주민들'이란 많은 경우 하느님을 부정하고 그분을 따르는 이들을 박해하는 이들, 곧 하느님에 대해 생각지 않기에 결코 하늘을 쳐다보지 않는 땅버러지 인간들을 의미한다. 요한복음서가 '세상'이라고 일컫는 것과 뜻이 통한다.

16 희고 긴 겉옷은 그리스도 추종자들에게 주어지는 것으로 정결하고 고귀하고 영광

료 종들의 수를 다 채우기 위해 '그 시간'은 유보하신다.

-그렇다면 구원받을 이들의 수는 과연 얼마에 달해야 하며, 순교자들 의 영혼은 얼마나 더 기다려야 하는지?

3.2.1.4 여섯째 봉인(〈가6〉 6,12-7,17)

여섯째 봉인은 세 장면으로 이루어진다(6,12-17; 7,1-8; 7,9-17).

• **첫 번째 장면(6,12-17):** 봉인의 시작은 우주적 규모의 재앙으로서 그 하나하나가 기괴하고 두려운 느낌을 준다(6,12-14). 예언자들은 이러한 현상이 '주님의 날이 올 때' 혹은 '주님이 진노하여 심판하실 때'(이사 13,9-10; 34,4; 아모 8,9; 요엘 3,4) 일어난다고 한다. 나아가 이 구절은 세상 종말 도래 때의 모습을 그린 마르코복음서 13,24-25나 마태오복음서 24,29와도 상당히 유사하다. 묵시록의 저자는 구약과 신약을 다 빌려 '하느님과 어린양의 진노가 드러나는 중대한 날'(6,17)이란 바로 '종말의 때'임을 알려 주고 있고, 사실 본격적인 종말을 묘사하는 16,20과 20,11에서 병행문이 고스란히 발견된다.

재난은 일곱(!) 가지 형태로 일어나며(땅, 해, 달, 별, 하늘, 산, 섬들) 이에 반응하는 이들도 일곱(!) 종류 사람들이다(땅의 임금들, 고관들, 장수들, 부자들, 권력가들, 종과 자유인). '일곱'이란 특히 요한이 애용하는 상징 숫

스러운 천상적 품위를 상징한다.

자로서 '전체, 완전, 충만'을 의미하며 묵시록 내내 크고 작은 형태로 나타나는데, 이 문단에서는 어디로 피할 구석이 없는 총체적 재앙이 닥쳐 땅에 사는 사람이라면 누구든 질겁할 수밖에 없음을 시사한다. 오죽 무섭고 두려우면 든든하게 기댈 곳으로 여기던 산과 언덕들이 무너져 덮어 주기를 원할까?(호세 10,8; 루카 23,30 참조). 아무도 이 무서운 재앙을 견뎌 낼 만해 보이지 않고(나훔 1,6; 말라 3,2; 요엘 2,11; 마태 24,21-22; 마르 13,19-20 참조), 이 절규는 곧장 독자들의 의문으로 연결된다.

-이 무서운 하느님의 진노를 피할 수 있는 사람들이 정말 하나도 없는지?
-만일 있다면 어떻게 그리될 수 있을지?

• **두 번째 장면(7,1-8)**: 여섯째 봉인의 잇따르는 장면들(7,1-8과 7,9-17)은 앞선 물음 "그분들의 진노가 드러나는 중대한 날이 닥쳐왔는데, 누가 견디어 낼 수 있겠느냐?"(6,17)에 대한 답이라고 볼 수 있다.[17] '여기 하느님의 진노를 피할 사람들이 있다!'는 것이다.

---

17 7,1은 "그다음에"라는 말로 시작한다. 우리말 번역으로는 이 말이 묵시록 전체에 열 번 나타나지만 그리스어 원전에서 단수형(Μετὰ τοῦτο)으로는 이곳 한 번밖에 안 나오고, 다른 아홉 번은 복수형(Μετὰ ταῦτα: 직역하면 '그들의 다음에')으로서 앞서 일어난 여러 가지 일이나 환시를 가리킨다(1,19; 4,1[2번]; 7,9; 9,12; 15,5; 18,1; 19,1; 20,3). 이렇게 단수를 씀으로써 저자는 이 단락을 바로 앞의 질문 하나에만 연결하려는 의도를 드러내고 있는 것이다. 복수형인 7,9의 '그다음에'라는 말은 앞선 두 장면을 전제하면서 새로운 장면으로 인도하는 역할을 한다.

하느님 진노의 거센 바람이 곧 다시 불어닥칠 듯 위협적이던 분위기(6,13 참조)가 바람을 붙잡는 네 천사의 등장으로 말미암아 갑자기 바뀌면서 재앙이 유보되는데 "하느님의 종들"의 이마에 살아 계신 하느님의 인장을 찍기 위한 것이 그 목적이다. "해 돋는 쪽"(7,2)이라는 표현 자체가 이미 구원의 성격을 드러내고 있으며 "네 천사", "네 모퉁이", "네 바람" 등 '넷'이란 숫자의 반복은 이 세상 어느 곳에서라도, 하느님의 종이라면 그 누구라도 재앙에서 빠지게 될 것을 암시한다.[18] 요한은 인장을 받은 이가 이스라엘 자손의 열두 지파에서 나온 십사만 사천 명이라고 알려 준다. 지파의 크고 작음에 상관없이 일제히 만 이천 명이 뽑히는 것도 이미 인위적인 느낌을 주지만, 지파의 차례나 명단 또한 구약성경에 나오는 어떤 목록과도 일치하지 않는다. '열둘'은 하느님의 백성 전체를 상징하는 숫자이며 '천'은 아주 많은 것을 뜻하니, 만 이천의 제곱이 되는 십사만 사천이란 상징적인 숫자로서 유다인이나 이방인을 넘어 땅에서 구원될 모든 하느님의 백성을 가리킨다고 보는 것이 마땅하며 이러한 해석은 앞으로도 보겠지만, 전체적으로 조화와 통일을 이룬다.[19]

---

18 구약성경에서 '새벽'이 구원이 찾아오는 것의 시간적 상징이라면, '해 돋는 쪽'은 공간적 상징이다. '넷'이란 보편성을 뜻하니, 예를 들어 고대인들은 지구를 네 귀퉁이를 가진 정사각형으로 생각하였다. 인장은 소속의 표지 혹은 구원의 표지로서, 탈출기의 재앙들에서 이스라엘 백성이 제외된 일이나 에제키엘 예언서에서 주님께 충실한 이들이 재앙에서 제외된 일 등을 상기시킨다(에제 9,4.6). 교회는 초세기부터 세례를 가리킬 때 이미 '인장'이라는 낱말을 사용해 세례 받는 이가 하느님께 속하며 구원의 보증을 받았음을 알렸다(2코린 1,22 참조).

19 지파 중 유다 지파를 가장 선두에 내세움으로써 어린양의 중요성을 강조하고(5,5

• **세 번째 장면(7,9-17)**: 7,9부터 무대는 어좌가 있는 천상으로 옮겨진다. 거기에는 이미 큰 환난을 겪어 내고 어린양의 피로써 정화된, 이루 셀 수 없는 세상 방방곡곡 출신의 사람들이 하느님에게서 받은 '희고 긴 겉옷'(6,11)을 입고 손에는 승리와 기쁨을 상징하는 야자나무 가지를 들고 자신들의 구원의 원천이 어딘지를 고백하고 있다. 그리고 이 고백은 하늘의 모든 천사가 하느님께 드리는 일곱(!) 온전한 찬양(찬미, 영광, 지혜, 감사, 영예, 권능, 힘)으로써 재확인된다. 지금 이 땅에서 인내로써 환난을 견디며 하느님과 어린양께 충실한 독자라면 누구든지 자신의 미래 운명을 생각하며 이 천상의 무리로부터 격려와 위로를 받지 않겠는가! 실상 하느님과 어린양의 진노가 드러날 종말의 재난을 피하여 이렇게 구원되고 앞으로도 구원될 사람은 천상천하를 통틀어 이루 헤아릴 수 없이 많을 것이다(3,10; 다니 12,1 참조).[20]

참조) 우상숭배로써 큰 죄를 지은 단 지파(판관 18,30; 1열왕 12,25-30)를 구원의 목록에서 생략하는 것 등은 의도적인 편집을 했을 가능성을 시사한다. 실상 묵시록 여기저기에서 구약 전통과 연결을 유지하는 동시에 온전하고 새로운 하느님 백성의 총체를 드러내기 위해 숫자 12를 사용하는 말놀이가 나타난다(하늘의 스물네 원로들, 새 예루살렘의 구성 요소 등). 오늘날 근본주의자들이나 몇몇 신흥종교를 제외하고는 학계 거의 전부가 십사만 사천 명이 구원의 은총을 입은 하느님 백성 전체를 상징한다는 데 의견을 모으고 있다. 예를 들어 포이트레스는 이렇게 말한다. "십사만 사천이라는 숫자와 지파 목록은 둘 다 하느님께서 당신의 군대를 만드시려 이 세상에서 부르신 성인들의 총체를 상징한다." V. S. Poythress, *The Returning King: A Guide to the Book of Revelation*, Phillipsburg: P&R Publishing, 2000, 315; 김추성, 『요한계시록』, 462 각주398을 번역해 재인용.

20 여태껏 7,4-8의 십사만 사천 명과 7,9-14의 무수한 사람들의 관계에 대한 논의가 많았다. 이들은 같은 무리인가, 다른 무리인가? 14,1에는 어린양과 함께 시온산 위에 서

이들의 현재와 미래를 노래하는 마지막 찬가(7,15-17)는 마치 대 결미結尾처럼 구약성경의 온갖 아름다운 구원의 이미지로 가득하며 이들이 누릴 무한한 위로와 평화가 얼마나 클지를 보여 준다.

이상의 관찰은 저자가 여러 장면의 긴 내용을 하나의 단위로 취급한 이유를 알게 해 준다. 결국 여섯째 봉인은 '종말의 때가 닥치면서 갈라질 상반되는 두 운명'이라는 하나의 주제로 수렴되며, 단락의 길이로 비추어 볼 때 구원될 이들의 운명에 훨씬 큰 비중을 두고 있다. 신실한 독자라면 분명 많은 위로가 될 메시지인 셈이다.

3.2.1.5 일곱째 봉인(〈가7〉 8,1-6)

인류 역사에 깃들어 있는 비밀의 마지막 부분, 곧 하느님 신비의 남은 부분이 담긴 마지막 봉인이다. 마치 그 중요성이 부각이라도 되듯 하늘에 반 시간 동안 침묵이 흐른다. **이 침묵의 의미는 무엇**

있는 십사만 사천 명이 등장한다. 만일 이들이 7,4-8의 인장받은 십사만 사천 명만을 가리킨다면 7,9-14의 사람들은 이 구원된 무리에서 제외되는가? 십사만 사천이라는 숫자의 상징성을 고려할 때 14,1의 사람들은 7장이 서술한 모든 이를 포괄하고 있음에 틀림없다. 사실 14,1의 사람들은 이마에 아버지와 어린양의 이름이 적힌, 곧 그분들에게 속하는 이들로서(14,1) "땅으로부터 속량된"(14,3) 모든 하느님의 백성을 지칭하며 그들의 특징과 7,9-14의 인물들 사이에는 서로 통하는 데가 있다(7,14와 14,4-5 비교). 그렇다면 7,1-8은 지금은 땅에 있지만 앞으로 구원될 하느님 백성의 완전한 무리를, 7,9-17은 이미 하늘에 있는 무수한 수의 큰 무리를, 그리고 14,1-5는 이 둘을 다 아우르는 하느님 백성의 총체를 뜻한다고 보겠다. 하느님이 하늘에 있는 이들의 청을 듣기를 미루신 이유가 아직 땅에서 환난 가운데 있는 바로 이 당신 종들(7,1-8)의 구원을 위한 것이 아니겠는가!(6,11).

일까? 이 단락의 주요 주제는 두말할 나위도 없이 '일곱 천사에게 주어진 일곱 나팔'이다. 하지만 그 내용은 〈나〉시리즈에서야 차례로 드러나는데, 거의 재앙으로 점철되어 있다.

나팔들이 울리기 전 요한은 성도들의 기도가 얼마나 귀하고 힘이 있는지를 보여 주는 한 작은 장면(8,3-5)을 소개한다. 그들의 기도가 제단 숯불에 담겨 땅에 떨어지자마자 즉시 하느님의 응답이 있어 그분 현존의 영광이 드러나고 그것을 시점으로 일곱 나팔이 울릴 수 있게 되기 때문이다.

3.2.2 〈나〉 일곱 나팔(8,7-11,19)

3.2.2.1 첫째~넷째 나팔(〈나1〉~〈나4〉 8,7-13)

네 환시가 거의 같은 형식의 문장을 취하며 내용이 짧고 장면에서 장면으로 넘어가는 진행 속도도 빠른 것이 〈가1〉~〈가4〉의 구성과 몹시 비슷하다.

네 차례의 재해로 인한 자연의 피해 영역이 '땅→바다→강/샘→하늘'로 점차 확장되지만 '삼분의 일'이라는 숫자는 이 재앙들이 전면적인 타격은 아님을 알려 준다. 이와 유사한 재앙을 구약성경에서, 특히 탈출기와 옛 예언자들의 심판 예고에서 쉽게 찾을 수 있는데, 이들은 모두 하느님을 거슬러 교만한 마음으로 죄를 짓는 이들을 대상으로 한 위협적 경고로서 하느님을 아는 지식 혹은 회개로 이끌려는 맥락 안에 놓여 있다.[21] 하늘 높이 나는 독수리의 고함

(8,13)은 위협에 한몫을 더한다. 땅의 주민들을 향한 세 번의 "불행하여라!"(οὐαί)가 앞으로 남은 세 나팔이 가져올 참담한 재앙들을 예고하고 있기 때문이다.

3.2.2.2 다섯째 나팔(〈나5〉 9,1-12)

다섯째 나팔 소리와 함께 하늘에서 별 하나가 떨어진다. 고대인들은 별을 천상 능력을 지닌 어떤 초자연적 존재로 생각하였는데, 그에게 지하의 구렁으로 내려가는 열쇠가 주어진 것이다. 지하 갱도가 열리자마자 올라오는 메뚜기들 또한 한 무리의 초인간적 세력이다. 전투마와 같은(9,7-9) 이들은 요엘서에 나타나는 메뚜기나 주님의 군대의 이미지와 흡사하지만(요엘 1,6; 2,4-5) 그보다 훨씬 더 위협적이다. 그들이 섬기는 왕은 '지하의 사자(使者)'다. 이들의 정체는 무엇인가? 혹시 사탄과 그를 섬기는 악령들인가?[22]

만일 그렇다면 그들은 왜 하느님의 인장이 찍힌 사람에게는 손

---

21 첫째 재앙은 탈출기의 일곱째 재앙(탈출 9,23-25)과 요엘서가 말하는 '주님의 날', 곧 종말에 일어나는 표징(요엘 3,3)과 닮았고, 둘째는 이집트의 첫째 재앙(탈출 7,20-21)과 바빌론 패망의 징조(예레 51,25)와 비슷하며, 셋째는 우상숭배를 하던 이스라엘이 받는 벌(예레 9,14) 그리고 넷째는 탈출기의 아홉째 재앙(탈출 10,21-22)과 비슷하다.

22 임금의 이름과 메뚜기들의 끔찍한 모습 그리고 그들이 주는 피해로 말미암아 적지 않은 수의 주석가들이 이 임금을 파괴의 전문가인 사탄으로, 메뚜기들을 악령으로 이해하며 이들이 세상 가운데서 활동할 권한을 하느님에게서 허락받았다고 간주한다. 김추성, 『요한계시록 1-9장』, 528-530; 박영식, 『오늘 읽는 요한묵시록』, 바오로딸, 2012, 223-229; J. L. Resseguie, *Revelation*, 159. 163.

을 못 대고 하느님을 섬기지 않는 불경한 자들만을 공격하는 것일까? 이는 사탄의 속성과 모순을 일으키는 동시에 묵시록의 전반적인 흐름과도 반대되니 묵시록에서 보는 사탄은 성도들을 박해하고 자기를 추종할 자들을 규합하려 애쓰기 때문이다(16,14; 20,7-8). 이와 더불어 본문은 '주어지다, 명령받다'(9,1.3.4.5) 등 거듭해 신학적 수동태를 사용하여, 지하 구렁을 연 별은 물론 거기서 올라온 메뚜기들이 하느님에게서 파견받았음을 시사하는데, 만일 메뚜기들이 사탄의 신하로서 그 명령을 받들어 활동하는 것이라면(11절) 이 또한 모순을 불러일으킨다.[23]

9,11에서 '사자'(使者, ἄγγελος)라고 번역된 말은 천사와 같은 단어로서 원래 심부름꾼이라는 뜻이다. 그렇다면 메뚜기들의 왕인 이 '지하의 심부름꾼'은 누구의 심부름을 하는 것일까? 그의 이름은 '파괴'다. 이름은 그것을 가진 이의 정체나 특성을 나타내니 그 신하인 메뚜기들의 파괴적 활동을 이와 연결 짓는 것은 그리 어렵지 않다. 만일 우리가 '파괴'라는 이름의 왕을 마치 '바둑의 왕'이나 '은반의 여왕'이라는 용법처럼 '가장 엄청난 파괴력을 가진 자'로 이해하고, 그를 섬기는 메뚜기들을 '파괴'를 주된 소명으로 하는 존재로 이해하면, 또 이 '지하의 사자'를 하느님으로부터 '지하에 대해 고유한 권한

---

23 실상 다섯째 나팔 이미지의 출처인 요엘서의 경우, 메뚜기 부대를 "전능하신 분께서 보내신 파멸"(요엘 1,15) 혹은 "그분의 명령을 수행하는" 막강한 "그분의 군대"(요엘 2,11)라고 말하며 그들의 신원을 명백히 밝힌다.

을 받은 심부름꾼'으로 이해하면, 메뚜기들이 이 '큰 파괴자'를 섬기는 것과 '하느님으로부터 파괴를 위해 파견받은 것' 사이에 모순이 없게 된다. 앞의 첫째~넷째 나팔 경우와 같이 한 근원에서 나온 하나의 소명으로서 '파괴 왕'은 메뚜기 부대의 지휘관인 셈이다.

본문을 좀 더 자세히 들여다보면 이 다섯째 나팔과 앞선 나팔들 사이에 공통점을 발견할 수 있다. 첫째와 둘째 나팔의 경우 재앙을 일으키는 주체들이 다 (하늘로부터) '던져졌고'(ἐβλήθη: 신학적 수동태), 셋째의 경우 하늘에서 큰 '별이 떨어졌는데' 다섯째에도 그와 똑같이 땅에 '별이 떨어졌다'(같은 동사 πίπτω를 사용). 이러한 유사성은 간과할 수 없으니 모든 재앙이 다 하늘에서 비롯할진대 다섯째만 그 주체를 악마 혹은 타락한 천사로 추정할 수 없는 것이다. 지하(ἄβυσσος)로 내려가는 열쇠를 받은 '별'(9,1-2)과 '지하의 천사'(ἄγγελος)가 같은 존재로서, 앞선 다른 네 나팔의 주체들이 각각의 영역에 파괴를 위한 고유 권한을 받았듯(8,7-12), 그도 하느님에게서 지하에 대한 권한을 받고 메뚜기들에게 파괴를 명령했다면 어떻게 될까?[24] 이러한 해석은 단락 안에서는 물론이고, 앞으로 보겠지만, 멀고 가까운 앞뒤 문맥과도 잘 조화되어 통일성을 이룬다. 첫째~다섯째 나팔에서 피해를 주는 이들이 받은 권한의 영역이 '땅(〈나1〉)→바다(〈나2〉)→

---

24 1,20에서 예수님은 '별'을 '천사'로 풀이하셨다. 비구치도 이 별과 지하의 임금이 동일 존재일 가능성에 대해 언급한다. Giancarlo Biguzzi, *Apocalisse*, Paoline Editoriale Libri, Torino, 2005, 202.

강/샘(《나3》)→하늘(《나4》)→지하 세계(《나5》)'로 점점 확장되며 발전을 보이는 것도 그 가운데 하나다.

저자가 '지하의 사자' 이름을 굳이 "히브리 말로는 아바돈이고 그리스 말로는 아폴리온(Ἀπολλύων)"[25]이라고 소개하는 데(9,11) 대해 네로나 도미티아누스 황제가 아폴로 신을 숭배한 사실을 은연중에 빗대기 위한 것이라는 해석을 간혹 만나게 된다. 곧, 파괴 성향이 대단했던 로마 황제를 이 지하의 사자와 연결하는 것이다.[26] 하지만 묵시록의 '파괴 임금'은 로마 황제를 훨씬 넘어서는 파괴력을 가졌다. 로마 황제는 결코 지하에 대해 권능을 행사할 수 없을 뿐 아니라, 언젠가는 그가 섬기는 주인인 사탄조차 이곳에 갇히고 말 터이니 말이다(20,1-3). 하느님은 그보다 훨씬 더 강력한 존재를 당신 심부름꾼으로 파견하신 것이다.

메뚜기 재앙에 관한 탈출기와 요엘 예언서를 보면 이들은 엄청난 기근의 원흉이 된다. 요엘은 이 메뚜기 재앙을 '주님의 날' 곧 종말의 전조 현상이라 하며 이런 재앙을 불러일으키시는 하느님의 속내를 전달해 준다. "주님의 말씀이다. 그러나 이제라도 너희는 단식하고

---

25 히브리어 '아바돈'은 '멸망, 파괴'를 뜻하며, 이것이 그리스어로는 '아폴리온', 곧 '파괴하는 자'로 옮겨졌다.

26 김추성, 『요한 계시록』, 546-547; 정태현, 『거룩한 독서를 위한 요한묵시록 주해』, 한님성서연구소, 2007, 107.

울고 슬퍼하면서 마음을 다하여 나에게 돌아오너라. 옷이 아니라 너희 마음을 찢어라. 주 너희 하느님에게 돌아오너라. … 그가 다시 후회하여 그 뒤에 복을 남겨 줄지 … 누가 아느냐?"(요엘 2,12-14). 탈출기에서 재앙의 목적도 명백하다. 메뚜기 소동을 겪은 후 파라오는 이렇게 고백한다. "내가 주 너희 하느님과 너희에게 죄를 지었다"(탈출 10,16). 하느님은 거듭되는 재앙을 통해 이스라엘은 물론 파라오와 이집트인들을 회개 혹은 참 하느님에 대한 지식으로 이끌려 하신 것이다(탈출 7,5.17; 9,14-16; 10,2 참조).

만일 요한이 다섯째 나팔을 이러한 구약성경의 맥락을 염두에 두고 썼다면 이는 앞선 네 나팔과 그 성격을 같이하며 파괴의 시간인 종말이 임박했음을 더 강력하게 알림으로써 사람들을 회개로 부르는 것으로 알아들을 수 있다. 사실 다섯째 나팔에서 파괴는 더욱 본격적으로 사람을 겨냥하고 있는데(4-6.10절) 이는 넷째 나팔의 끝에 이미 독수리가 '땅의 주민들'을 향해 세 번씩이나 "불행하여라!"(οὐαί)라며 예고한 대로다(8,13). 이제 다섯째 나팔의 끝에 또 다른 예고가 나타난다(9,12). 다섯째 나팔이 가져온 끔찍한 참상은 오직 첫째 불행(οὐαί)일 뿐, 아직 두 가지 불행이 더 닥치리라는 것이다. 첫째에서 다섯째까지 나팔 재앙이 진전되는 양상으로 보아 둘째와 셋째 불행은 더욱 참혹할 듯하며 독자에게 크나큰 경각심을 불러일으킨다.

3.2.2.3 여섯째 나팔(〈나6〉 9,13-11,14)

여섯째 봉인(〈가6〉)이 세 장면으로 구성되며 다른 봉인들에 비해 유난히 길었듯 여섯째 나팔(〈나6〉) 또한 그러하다.

• **첫 번째 장면(9,13-21)**: 천상 성전의 가장 고귀한 장소랄 수 있는 금 제단의 네 모퉁이 뿔에서 나오는 소리가 여섯째 천사에게 분부를 한다. "큰 강 유프라테스에 묶여 있는 네 천사를 풀어 주어라." 유프라테스강은 옛날에는 바빌론의 국경을 이루었고, 로마 시대에는 제국의 동쪽 경계에 해당하였다. 국경이 무너진다 함은 로마제국을 향해 큰 파괴 세력이 닥친다는 뜻이겠고, 따라서 커다란 참극이 일어나리라는 건 불 보듯 뻔한 사실이다. 계속 전쟁의 이미지가 나타나며 엄청난 수의 말과 기수들의 모습이 나오는데 그 무시무시함이 메뚜기를 능가한다. 기수의 갑옷은 현란하고 그들이 탄 말은 입에서 불과 연기와 유황을 뿜어낸다.[27] 욥기가 그리는 레비아탄이 이와 비슷할까?(욥 40,25-41,26 참조). 하지만 성경은 그 레비아탄이 결국 하느님의 창조물로서 그분의 권세 아래 있음을 표명하고 있다(욥 41,25; 이사 27,1; 시편 74,13-14; 104,26). 지혜서에서도 거의 비슷한 것을 찾아볼 수 있으니 하느님은 우상숭배를 하는 이집트인들을 거슬러 입에서 불과 연기를 뿜는 야수들을 보내실 수 있는 분이다(지혜 11,18). 그

---

27 불과 유황과 연기는 기수들의 갑옷 색깔(붉음, 노랑, 파랑)과 상응한다. 이들은 둘 혹은 셋이 마치 한 꾸러미로 엮인 숙어처럼 쓰여 하느님이 중죄인들에게 내리는 큰 벌 혹은 지옥 벌을 상징한다(창세 19,24; 시편 11,6; 지혜 11,15-26; 묵시 14,10-11; 20,10).

렇다면 지금 하느님으로부터 파견된(9,14) 이 네 천사와 그 기병대는 당시 지상에서 가장 강력하다 여겨졌던 로마제국보다 훨씬 더 강한 세력으로 알아들을 수 있다.[28]

지상 사람들의 삼분의 일이 죽고 만 이 엄청난 재앙의 보도 끝에 요한은 살아남은 사람들의 동태에 대해 알려 준다(9,20-21). 이런 사태에도 불구하고 그들은 우상숭배를 '단념하지 않았으며'(οὐδὲ μετενόησαν) 죄에 대해 '회개하지도 않았다!'(οὐ μετενόησαν). 같은 단어(μετανοέω)를 거듭 사용해 회개하지 않은 사실을 강조하는 것이다. 결국 여기서 여섯째 나팔이 가져온 재앙의 참 의도가 드러난다. 무엇보다 앞서 이는 회개로의 초대였던 것이다. 앞서 인용한 지혜서도 같은 맥락에 놓여 있다. "그러나 당신께서는 모든 것을 하실 수 있기에 모든 사람에게 자비하시고 사람들이 회개하도록 그들의 죄를 보아 넘겨 주십니다"(지혜 11,23). 그토록 무한한 힘을 가진 하느님이시지만 교만한 우상숭배자들을 처벌하기에 앞서 자비로운 용서를 먼저 생각하고 계시다는 뜻이다.

요약하자면, 각종 대상이 주로 삼분의 일의 피해로 제한되는 〈나〉시리즈 재앙들의 목표는 결국 파괴 자체가 아닌 회개로의 초대라 할

---

28 1세기 말엽 로마제국 주민이 대략 팔천만 명, 식민지 인구가 이천만 명 정도 되었다고 하니 '이 억'이라는 기병대의 숫자(9,16) 자체도 로마와는 비교될 수조차 없는 강력함을 드러낸다.

수 있겠고, 점층법을 통해 메시지를 강력히 전달한다. 사실 〈나〉시리즈는 '재앙을 초래하는 세력'과 '재앙의 영역' 그리고 '재앙으로 인한 피해'를 점강법을 사용하여 점차 독자의 삶 가까이 좁혀 드는 데서 발전과 통일성을 보인다.

  *재앙을 초래하는 세력: 피가 섞인 우박과 불→불타는 큰 산→
  횃불처럼 타는 큰 별→해, 달, 별→로마 황제보다 더 강력한 존
  재→로마제국보다 더욱 크고 무서운 세력

  *재앙의 영역과 피해: 땅의 1/3과 거기 속한 초목(=인간의 먹거
  리)→바다의 1/3과 거기 속한 것(=먹거리와 배들)→강과 샘의
  1/3(죽음을 가져오는 쓴물)→하늘(낮과 밤의 1/3이 빛을 상실)→지하(죽
  고 싶을 정도의 괴로움+지상 사람의 1/3이 죽음)

• 두 번째 장면(10,1-11): 일곱째 나팔 소리가 들려오리라는 기대를 깨고, 여섯째 나팔은 아직 두 개의 다른 장면을 더 보여 준다. 큰 능력을 지닌 다른 천사가 나타나는데[29] 무지개, 해, 불기둥 등의 묘사로써 각각 노아의 계약과 함께 이집트 탈출과 시나이산의 하느님, 곧 보호와 구원을 위한 하느님을 상기시킨다(10,1). 그런데 하느님은 왜 천사의 소리에 응하는 일곱 천둥소리의 내용을 봉인하라 하

---

29 과연 큰 능력의 천사답게 그는 두 발로 땅과 바다를 다 제압한다(10,2). 사자처럼 포효한다는 표현(10,3)은 주님 말씀 능력의 위대함을 드러낼 때 쓰이며(호세 11,10; 아모 1,2; 3,4.8), 천둥 또한 구약성경에서 종종 인간이 감히 범접할 수 없을 만큼 절대적인 힘을 담은 하느님의 소리로 인식된다(탈출 19,19; 시편 29,3-9 참조).

시는지? 연이은 "시간이 얼마 남지 않았다"(10,6ㄴ)라는 천사의 말을 22,10의 "이 책에 기록된 예언 말씀을 봉인하지 마라. 그때가 다가 왔기 때문이다"와 비교해 보면 그 내용이 지금 당장 실현되어서는 안 된다는 뜻으로 해석할 수 있다. 왜 유보하시는가? 이제 조금 남은 시간을 이용해 요한을 시켜 "다시"(πάλιν) 한 번 더 예언하게 하려는 것이다(10,11). 그러나 요한이 먹은 입에는 꿀 같고 배는 쓰리게 하는 이 두루마리는 그의 예언이 옛 예언자들의 예언과 같은 결과를 가져 오리라는 것을 지레짐작하게 한다(에제 2,8-3,3; 예레 15,16 참조). 사실 곧이어 전개될 '자루옷을 입은 두 증인'에 관한 장면(11,1-13)은 이와 깊이 연관되어 있다.

• 세 번째 장면(11,1-14): 11장의 환시에서 두 종류의 대립을 찾아볼 수 있겠는데, 우선 그 하나는 하느님께 충실한 사람들을 위한 하느 님의 성전 재건 계획과 하느님을 거부하는 이들이 가져올 성전 모독 이다. 성전 바깥뜰을 재지 말라는 말씀에서 하느님은 인간의 독성과 횡포를 내다보시며 이제 더 이상 그들을 위한 거룩한 자리가 필요하 지 않음을 알려 주신다 하겠다. 또 하나의 대립은 '자루옷을 입고 예 언할 두 증인'과 '그들을 배척하고 괴롭힐 사람들'이다. '자루옷'이란 예언자가 회개를 촉구할 때 입는 옷이요, 이 두 증인은 '땅의' 주님, 곧 지상에서 주님의 예언직을 행하는 이들로서 '두 올리브 나무'요 '두 등잔대'라 일컬어진다.[30]▶ 요한은 이들의 활동과 운명을 두고 진 전되는 사람들의 반응을 알려 주는데 그들은 여간해선 승복하지 않

는다. 곧, 예언자들이 살해된 일을 두고 축제의 분위기 안에서 기뻐하지만(11,10) 그들이 살아나자 두려움에 사로잡히며(11,11-12), 마침내 그들의 승천에 따르는 재해를 보며 두려운 가운데 하느님께 영광을 드린다(11,13). 이는 마치 탈출기의 거듭되는 재앙이 파라오와 이집트인들의 오만한 태도를 점점 바꾸어 나가는 것과도 비슷하다.

넷째 나팔 끝(8,13)과 다섯째 나팔의 끝(9,12)에서처럼 이제 여섯째 나팔의 끝에도 불행 예고가 나타난다(11,14). 번번이 주어지는 경고 자체가 이미 독자를 숨 막힐 듯한 공포로 몰아가지만 점점 커 가는 재앙의 규모나 위협을 생각할 때 곧 닥칠 셋째 불행은 남아 있는 일곱째 나팔에서 일어날 것이 틀림없고 그것이야말로 가장 큰 불행이 될 것이다. 인간의 파괴만이 두 단계에 걸쳐 진행되며 '괴로움'(9,5)과 '불행'(9,12; 11,14)이라고 일컫는 것으로 보아 저자가 인간의 파괴를 더 심각하게 다루고 있음을 알 수 있다.

◀30 그런데 둘 더하기 둘은 넷인데 왜 이들을 '두' 증인이라 하는가? 즈카르야서의 경우, 온 세상의 주님 곁에 서 있는 성별된 두 사람 곧 메시야 시대에 나타나 이스라엘을 이끌 소명을 받은 이들을 두 올리브 나무라 하였고(즈카 4,11-14), 묵시록 1,20에서는 등잔대가 신약 시대 교회를 뜻한다고 한다. 요한이 구약과 신약의 각 열둘씩을 합쳐 24라는 숫자를 애용하는 것으로 미루어 볼 때, 특히 새 예루살렘의 구성이나 천상의 스물네 원로들을 참조할 때 이들을 구약과 신약을 대표하는 예언자로 해석할 수 있을 듯하다. 그러나 두 증인의 정체에 대한 해석은 다양하다. 예를 들어 성령과 그리스도교 신자들(민병섭, 『요한의 묵시록』, 분도출판사, 2002, 147); 모세와 엘리야(C. 메스테르스, 정승현 옮김, 『박해받는 사람들의 희망: 요한묵시록 강해』, 광주가톨릭대학교, 2007, 88); 예언자, 증거자의 모델(민남현 · 박병규, 『요한계 문헌: 신약성경의 이해』, 바오로딸, 2017, 269) 등.

종합하여, 〈나〉시리즈에 담긴 모든 장면은 점차 강화되는 재앙을 배경으로 위협 아니면 희망을 내포하고 있다. 이로써 독자는 회개 혹은 신앙에 대한 충실성으로 초대받는 것이다.

3.2.2.4 일곱째 나팔(〈나7〉 11,15-19)

"일곱째 천사가 불려고 하는 나팔 소리가 울릴 때, 하느님께서 당신의 종 예언자들에게 선포하신 대로 그분의 신비가 완전히 이루어질 것이다"(10,7)라는 천사의 맹세에 대한 독자의 기대를 저버린 듯 11,15-19의 장면은 당황스러울 정도로 짧으며, 이해하기도 쉽지 않다. 11,15-19는 오랜 역사 안에서 묵시록의 해석이 난항을 면치 못하게 한 가장 어려운 본문 중 하나라 해도 과언이 아니다. 이쯤에서 요한이 글을 엮어 가는 방식에 대해 면밀히 관찰해 볼 필요가 있다.

보충 관찰 1   묵시록의 문학 기법

1) 본문의 범주(delimitation of the text)

어느 문학작품이든 그러하지만 특히 내러티브(설화)를 잘 이해하기 위한 여러 전제 중 하나는 소문학 단위의 경계(본문의 범주)를 제대로 구분하는 것이다. 이것이 잘못될 경우 본문의 뜻을 왜곡하는 결과를 낳는다.[31] 중심 환시에는 개별 단락의 경계가 명확히 구별되는 경우와 그렇지 못한 경우가 있다. 〈가〉, 〈나〉, 〈라〉시리즈의 경우, 저자가 직접 각 시리즈를 일곱 개 단위로 명료하게 제시하는데 그는 단락의 길이와는 전혀 상관없이, 개별 주제를 따라 단락을 결정한다. 예를 들어 첫째 나팔의 경우 한 단락이 한 문장으로 되어 있는가 하면(8,7), 여섯째 나팔은 무려 석 장(9,13-11,14)을 차지한다. 주제에 따른 이러한 구분은 종종 글의 스타일을 통해 재확인되는데, 예를 들어 수미상관, 교차 배열, 열쇠말, 시공간이나 주요 인물의 변화 등으로 단락의 경계를 알려 준다. 벌써 여러 학자들이 언급하였듯 "[그리고] 나는 보았습니다"([καὶ] εἶδον) 혹은 그와 비슷한 종류의 동사들("그리고 나는 들었습니다"[καὶ ἤκουσα], "내가 보여 주겠다"[δείξω] 등)은 단락 구분을 위한 좋은 도구가 된다. 그 동사의 대상이 단락을 이끌어 가는 주체가 될 경우가 잦기 때문이다. 따라서 단락 사이의 경계가 뚜렷하지 않은 〈다〉와 〈마〉시리즈의 경우, 본문의 한계를

---

31 다니엘 마르그라 · 이방 부르캥,『성경 읽는 재미』, 75; 시미안 요프레,『구약성서 연구방법론』, 235-236 참조.

규정하기 위해 가장 바람직한 길은 〈가〉, 〈나〉, 〈라〉에서 저자가 사용한 잣대를 그대로 적용하는 것이리라.

〈다〉시리즈를 구획 짓는 것은 비교적 쉬운데, 각 환시들의 주제가 제법 선명하게 드러나기 때문이다. 첫째 환시(〈다1〉 12,1-18)에서 요한은 비록 '여인'과 '용', 이 두 가지를 보지만 '둘 사이의 극적인 대립'이 중심 주제가 되고, 둘째부터 여섯째 환시(〈다2〉~〈다6〉)는 매번 "나는 보았습니다"로 시작하여 새로운 주제를 선보인다. 마지막으로, 〈다7〉(15,1-8)에는 세 개의 "나는 보았습니다"가 나타나지만 환시의 중심 주제는 앞선 표징(여인과 용)에 상응하는 '크고 놀라운 다른 표징'(15,1)이고, 뒤따르는 둘(15,2.5)은 보완하는 내용을 담고 있다.

〈마〉시리즈는 어떠한가? 첫째(〈마1〉), 셋째(〈마3〉), 넷째(〈마4〉), 일곱째(〈마7〉)는 "보여 주겠다"(δείξω), "나는 보았다"(καὶ εἶδον) 등의 도입 문장 형식과 더불어 각각의 주제를 분명하게 드러낸다. 하지만 나머지(〈마2〉, 〈마5〉, 〈마6〉)는 잘 들여다보아야만 환시 본문의 경계를 알 수 있기에 이를 차례로 살펴보기로 하겠다.

〈마2〉(18,1-19,4): 여러 장면으로 구성된 이 긴 내용은 대바빌론의 멸망에 대한 하늘과 땅과 바다에 속하는 '일곱'(!) 주체들, 쉽게 말해 피조계 전체의 반응을 묘사하며 교차 배열식 구조(chiasm)를 통해 그것이 한 단위라는 사실을 더 분명히 한다.

```
      ┌─ a1  큰 권한을 가진 다른 천사(18,1-3)
   a  │
      └─ a2  하늘의 다른 목소리(18,4-8)

      ┌─ b1  땅의 임금들(18,9-10)
   b  │  b2  땅의 상인들(18,11-17ㄱ)
      └─ b3  바다에서 일하는 사람들(18,17ㄴ-20)

      ┌─ a'1  큰 능력을 지닌 한 천사(18,21-24)
   a' │
      └─ a'2  하늘의 많은 무리(19,1-4)
```

바빌론이 몰락한 이유에 대해 주로 이야기하는[32] 한 쌍씩의 하늘 존
재들을 양 가에 두고(aa'), 가운데 부분(b)은 대바빌론의 사치와 부의
허망함에 대한 지상(땅과 바다) 인간들의 공포와 슬픔을 반영하고 있
다.[33] 한마디로, 〈마2〉의 주제는 '바빌론의 멸망에 대한 총체적 논평'
으로서 특히 바빌론으로 말미암아 이득을 누리던 땅의 상인들의 슬
픔이 강조되고 있다.

〈마5〉(19,17-21)와 〈마6〉(20,1-10): 두 단락이 다 '부정-긍정-부
정'의 샌드위치식 배열로써 가운데 부분을 부각한다. 곧, 〈마5〉는 새

---

32 '~때문이다'(ὅτι~)라는 이유 절을 무려 아홉 번이나 쓰고 있다(18,3.5.7[2
번],8.23[2번]; 19,2[2번]).

33 예를 들어 '삽시간에'(18,10.16.19), '멀찍이'(18,10.16.19), '가슴을 치다/슬피 울
다'(18,9.16.19)가 각각 세 번씩, '두려움'이 두 번(18,10.16) 나오는 것 외에 대바빌론의
부와 사치를 두고 엄청나게 긴 목록이 열거된다.

들이 패잔병의 살을 먹는 소재를 앞뒤로 둠으로써 '흰말 타신 분의 압도적인 승리'에 초점을 모으는 한편, 〈마6〉은 사탄의 운명을 앞뒤로 놓아 '하느님께 충실한 이들의 승리'를 강조하는데 특별히 천 년이라는 어휘(20,2.3.4.7)가 전체를 하나로 묶어 준다.

이렇게 하여 〈다〉와 〈마〉 또한 다른 시리즈처럼 각각 일곱 개씩의 소단위로 구성되고, 결국 중심 환시 전체가 '7 × 5'라는 너무나 조직적인 구조로 이루어진 것을 알 수 있게 된다. 이 밖에 여러 다른 요소들, 특히 〈나〉시리즈와 〈라〉시리즈 사이의 여러 병행[34]과 각 일곱 번째 단락이 지닌 공통성,[35] 그리고 무엇보다도 앞으로 살펴볼 바와 같이 줄거리의 다양한 순간들과 발맞추어 나가는 진행은 이 구조를 더욱 탄탄하게 뒷받침한다. 이제까지를 종합하면 다음과 같다(【표 1】참조).

---

34 각각 일곱 나팔과 대접이 차례대로 순차 진행할 뿐 아니라 비슷한 형식을 지니고 있는 것, 그리고 재앙의 피해 대상이 서로 병행을 이루고 있는 것이 쉽게 눈에 띈다.

35 일곱째 단락은 여러 면에서 상호 공통성을 보인다. 그 가운데서도 하느님의 현현을 나타내는 자연현상이 한 단계씩 강화되는 것은 참으로 흥미롭다. 첫 광경에서 어좌에 계신 하느님의 현존을 번개와 요란한 소리와 천둥의 세 요소로 표현한 후(4,5), 〈가7〉에서는 거기에 지진을 덧붙이고 〈나7〉에서는 우박을 합치며, 〈다7〉에서는 마침내 탈출 40,34-35의 광경을 빌려 와 더할 수 없이 충일한 하느님의 현존을 드러낸다. 〈라7〉은 위의 현상 모두를 더한 데다가 유례없이 엄청난 파괴까지 얹어서(16,18-21) 하느님 현현의 막강한 힘을 최대한 극적으로 드러낸다.

【표 1-1】

(1) 〈가〉: 일곱 봉인(6,1-8,6)

	본문의 범주	소주제	비고
〈가1〉	6,1-2	흰말과 기수	활, 화관, 승리→더 큰 승리
〈가2〉	6,3-4	붉은 말과 기수	큰 칼, 살해, 땅의 평화를 거두어 감
〈가3〉	6,5-6	검은 말과 기수	저울(기근), 올리브와 포도주 제외
〈가4〉	6,7-8	푸른 말과 기수	죽음, 저승, 흑사병과 들짐승
〈가5〉	6,9-11	순교자들의 청원(심판과 복수)	순교자들의 청원 실현이 미루어짐
〈가6〉	6,12-7,17	종말의 때가 닥치면서 갈라질 상반되는 두 운명	하느님 진노의 대상→구원될 이들
〈가7〉	8,1-6	일곱 천사와 일곱 나팔	〈나〉시리즈로 연장되어 구체화됨

(2) 〈나〉: 일곱 나팔(8,7-11,19)

	본문의 범주	소주제	비고
〈나1〉	8,7	재앙: 피가 섞인 우박, 불	피해 대상: 땅의 1/3(나무/풀=먹거리)
〈나2〉	8,8-9	재앙: 불타는 큰 산	피해 대상: 바다의 1/3(바다 생물=먹거리, 선박=생계)
〈나3〉	8,10-11	재앙: 큰 별('쓴흰쑥')	피해 대상: 강과 샘의 1/3(마실 물)
〈나4〉	8,12-13	재앙: 해, 달, 별의 타격	피해 대상: 낮과 밤의 1/3(어둠)
〈나5〉	9,1-12	재앙: 큰 별→지하 세력	피해 대상: 하느님의 인장이 찍히지 않은 사람들(괴로움)
〈나6〉	9,13-11,14	재앙: 유프라테스의 네 천사, 두 증인(예언 활동, 죽음, 승천)	피해 대상: 사람의 1/3(죽음), 도성의 1/10(파괴), 칠천 명(죽음)
〈나7〉	11,15-19	일곱째 나팔	하늘의 찬가와 계약 궤의 출현

(3) 〈다〉: 일곱 광경(12,1-15,8)

본문의 범주		소주제	비고
〈다1〉	12,1-18	여인과 용 사이의 극적인 대립	여인: 큰 표징, 용: 표징
〈다2〉	13,1-10	바다에서 올라온 짐승 (첫째 짐승)	용에게 권한을 받음
〈다3〉	13,11-18	땅에서 올라온 짐승 (둘째 짐승)	첫째 짐승의 권한을 행사, 경배 강요
〈다4〉	14,1-5	어린양과 구원된 144,000명	시온산, 구원의 새 노래
〈다5〉	14,6-13	세 천사	영원한 복음, 바빌론의 멸망, 짐승 추종자들의 마지막 운명을 선포
〈다6〉	14,14-20	세 천사+사람의 아들 같은 분	추수 준비, 알곡 추수(+), 하느님 분 노의 포도 확(-)
〈다7〉	15,1-8	일곱 천사와 일곱 분노의 대접	크고 놀라운 다른 표징 〈라〉시리즈로 연장되어 구체화됨

(4) 〈라〉: 일곱 대접(16,1-21)

본문의 범주		소주제	비고
〈라1〉	16,1-2	재앙: 대접을 땅에 쏟음	짐승에 속한 사람들에게 종기
〈라2〉	16,3	재앙: 대접을 바다에	물→피: 바다의 모든 생물이 죽음
〈라3〉	16,4-7	재앙: 대접을 강과 샘에	피 흘림에 복수=주님 심판의 의로움
〈라4〉	16,8-9	재앙: 대접을 해에	사람이 뜨거운 열에 탐 →회개 않음
〈라5〉	16,10-11	재앙: 대접을 짐승의 왕좌에	어둠, 사람들의 괴로움 →회개 않고 하느님을 모독
〈라6〉	16,12-16	재앙: 대접을 유프라테스강에	동쪽 임금들의 진군을 위해 강물이 마름↔악 세력의 전투 준비
〈라7〉	16,17-21	재앙: 대접을 공중에	하늘의 큰 목소리: "다 이루어졌다."

(5) 〈마〉: 일곱 진풍경(17,1-20,15)

	본문의 범주	소주제	비고
〈마1〉	17,1-18	대탕녀에게 내릴 심판	진홍색 짐승을 탄 여자(=대탕녀, 대바빌론, 대로마제국)
〈마2〉	18,1-9,4	바빌론 멸망에 대한 일곱 논평	온 우주의 반응
〈마3〉	19,5-10	어린양의 혼인 잔치가 준비됨	어린양의 신부=행복한 사람들
〈마4〉	19,11-16	흰말 타신 분의 정체	여러 이름과 칭호, 승리 예고
〈마5〉	19,17-21	두 군대의 대립	흰말 타신 분의 완전한 승리
〈마6〉	20,1-10	성도들의 천 년 다스림	사탄의 마지막 운명
〈마7〉	20,11-15	마지막 심판(행실에 따른 두 가지 상반된 운명)	생명의 책에 기록된 이들(다시 죽지 않음)↔기록되지 못한 이들(불 못에 던져짐=두 번째 죽음)

2) 시리즈와 시리즈 사이의 연결

시리즈와 시리즈 사이의 관계는 어떠한가? 개별 단락의 경계
(본문의 한계)가 때로는 명료하고 때로는 모호하였듯, 시리즈와 시리
즈 간의 관계도 서로 간의 연결이 분명한 경우와 불분명한 경우가
있다.

〈가〉와 〈나〉, 〈다〉와 〈라〉: 〈가〉시리즈의 일곱 봉인을 관찰해 보면 마
지막 일곱 번째(〈가7〉)는 앞의 여섯 개 봉인과 성격이 다른 것을 알
수 있다. 앞선 여섯 봉인들이 각각 그 자체의 내용을 알려 주는 것
과 달리 일곱 번째의 내용은 일곱 나팔이 차례로 울리는 〈나〉시리즈
에 가서야 드러나기 때문이다. 다시 말해 〈나〉시리즈는 〈가7〉의 '연

장(延長)이요 구체화'다. 또한 이렇게 〈가7〉에 종속됨으로써 〈가〉시리즈의 일부가 되어 일곱 봉인에 속하게 되니 결국 〈가〉와 〈나〉는 서로 연결된 시리즈인 것이다. 일곱 분노의 대접을 다루는 〈다7〉과 〈라〉의 경우도 이와 똑같다. 어려운 것은 〈나〉와 〈다〉, 〈라〉와 〈마〉 시리즈 사이의 관계인데 연결 여부가 상당히 불분명하기 때문이다. 먼저 후자부터 관찰하기로 하자.

〈라〉와 〈마〉: 〈라7〉(16,17-21)은 일곱째 천사가 하느님 진노의 마지막 대접을 쏟는 것과 동시에 천상 세계의 가장 중심인 하늘 성전의 어좌로부터 "다 이루어졌다!"라는 큰 목소리가 울리는 것으로 시작된다. 이 말이 얼마나 장엄하면서도 결정적인 선포인지는 전례 없이 강렬한 우주 변화를 통해 알 수 있는데[36] 그에 잇달아 대바빌론의 멸망에 대한 보도가 따른다. 하느님의 강력한 현존을 시사하는 번개와 요란한 소리와 천둥에 이어 사상 최대로 강력한 큰 지진이 모든 민족들의 고을은 물론 큰 도성(대바빌론)을 조각낸 것을 두고 설화자는 하느님께서 대바빌론을 기억해 격렬한 진노를 퍼부으신 때문이라고 설명한다(16,19). 결국 상상을 초월할 만큼 엄청난 이런 현상은 대바빌론을 멸망시키기 위한 하느님의 강력한 활동이라는 얘기다.

다음 단락인 〈마1〉(17,1-18)은 "큰 물 곁에 앉아 있는 대탕녀에게 내

---

36 '크다' 어근(μέγας)이 이 단락에서만 일곱(!) 번 나온다.

릴 심판"에 관한 언급으로 시작하는데(17,1), 이미 보았듯이 이 단락의 주제다. 그리고 몇 줄 안 가 그 탕녀의 이름을 '대바빌론'이라고 밝혀 준다(17,5). 바로 앞 단락에서 들었던 이름(16,19)이 아닌가! 그렇다면 〈마1〉은 두 번 생각할 여지도 없이 멸망한 바빌론의 상황을 자세히 그리는 〈라7〉의 구체화인 셈이다. 큰 물이라 칭했던 유프라테스강, 티그리스강 가까이 자리하며 우상숭배(간음)로 만연하던 도시 바빌론! 크게 간음하는 도시(여성명사)니 대탕녀라 일컬어지고 결국 바빌론 제국을 뜻하는데, 1세기 말엽 묵시록의 상징을 어지간히 알아듣던 독자들에게 이 대탕녀가 누구를 가리키는지는 무척 쉬웠다. 우상숭배의 중심지로서 옛 바빌론 못지않게 제국의 힘을 드날리던 나라, 바로 대로마제국이 아닌가! 천사가 탕녀의 근거지를 로마(일곱 산을 타고 앉음=로마는 일곱 언덕 위에 자리하고 있다: 17,9)로, '큰 물'을 "백성들과 군중들과 민족들과 언어들"(17,15)이라고 알려 줌으로써 이 대탕녀의 정체가 당시 온 세계를 지배하고 있던 로마제국임을 더욱 확실히 한다. 성도들과 예수님 증언자들의 피를 흘리게 했기에(17,6) 순교자들의 영혼이 하느님께 심판과 복수를 부탁했던(6,10), 그리고 그 멸망만이 그리스도인이 생명의 활로를 되찾을 수 있던 강적 로마! 따라서 로마제국의 멸망은 워낙 중요해 도저히 단 한 줄(16,19)로 넘어갈 수 없는 것이다. 바빌론의 멸망에 대한 총체적 논평인 〈마2〉도 마찬가지다. 그 멸망을 온 우주적 차원에서 연장해 설명할 필요가 있는 것이다. 한마디로, 〈마1〉과 〈마2〉는 대바빌론의 심판을 알리는 16,19ㄴ의 '연장이요 구체화'다. 그렇다면 이어지는 다섯 환시들(〈마3〉~〈마7〉)은 무엇인가?

천사가 일곱째 대접(〈라7〉)을 쏟는 즉시 "다 이루어졌다!"는 큰 목소리가 '성전 안 어좌'에서 울려 나온다. 이는 중심 환시의 첫 시작을 돌아보게 하는데, 하느님은 그 어좌에 좌정하셨고(4장) 바로 그 어좌에서 일곱 번 봉인된 두루마리를 어린양에게 주셨으며(5장), 그 봉인을 뜯는 것으로써 그분의 신비 곧 종말론적 구원 사업이 시작되었다(6장 이하). "다 이루어졌다!"는 이 말은 하느님의 그 구원 사업이 이제 완결 상태에 이르렀다는 장엄한 선포다. 다른 말로, 〈라7〉의 이 선포 안에는 대바빌론의 패망을 선두로 하느님의 계획을 완성할 사건들이 다 담겨 있는 것이다. 실상 〈마〉시리즈는 이제까지의 역사에 마침표를 찍을 사건들, 곧 악의 궁극적 파멸과 선의 궁극적 승리를 다 함께 구체적으로 보여 준다. 따라서 〈마〉시리즈는 결국 〈라7〉의 '연장이요 구체화'로서, 종국적으로 〈라〉시리즈에 종속됨을 알 수 있다. 〈마1〉의 시작인 "저마다 대접을 가진 그 일곱 천사 가운데 하나가 나에게 와서 말하였습니다"(17,1)라는 표현 또한 〈마〉시리즈를 〈라〉시리즈 전체(일곱 천사와 일곱 대접)와 연결하려는 저자의 의도를 드러내 준다.

〈나〉와 〈다〉: 이 두 시리즈 사이의 관계를 파악하는 것은 그리 쉽지 않으며, 그 관계를 어떻게 보는가는 중심 환시의 해석에 결정적인 영향을 미친다. 우선 일곱째 나팔 환시(〈나7〉 11,15-19)를 잘 관찰할 필요가 있는데, 큰 목소리의 선포 및 하늘의 찬가(11,15-18) 그리고 그에 잇따른 천상의 현상(11,19)이라는 두 요소로 구성되었음을 알 수 있다. 단락이 중요한 만큼 본문을 싣기로 한다.

15 일곱째 천사가 나팔을 불었습니다. 그러자 하늘에서 큰 목소리가 울렸습니다. "세상 나라가 우리 주님과 그분께서 세우신 그리스도의 나라가 되었다. 주님께서 영원무궁토록 다스리실 것이다."

16 그때에 하느님 앞에서 자기들의 어좌에 앉아 있던 스물네 원로가 얼굴을 땅에 대고 하느님께 경배하며

17 말하였습니다. "지금도 계시고 전에도 계시던 전능하신 주 하느님 큰 권능을 쥐시고 친히 다스리기 시작하셨으니 저희가 하느님께 감사드립니다.

18 민족들이 분개하였지만 오히려 하느님의 진노가 닥쳤습니다. 이제 죽은 이들이 심판받을 때가 왔습니다. 하느님의 종 예언자들과 성도들에게, 그리고 낮은 사람이든 높은 사람이든 하느님의 이름을 경외하는 모든 이에게 상을 주시고 땅을 파괴하는 자들을 파멸시키실 때가 왔습니다."

19 그러자 하늘에 있는 하느님의 성전이 열리고 성전 안에 있는 하느님의 계약 궤가 나타나면서, 번개와 요란한 소리와 천둥과 지진이 일어나고 큰 우박이 떨어졌습니다.

먼저 15-18절부터 살펴보도록 하자.

11,15-18: "세상 나라가 우리 주님과 그분께서 세우신 그리스도의 나라가 되었다. 주님께서 영원무궁토록 다스리실 것이다"(11,15)라는 선포로 시작되는 이 장면은 천상 스물네 원로의 경배와 고백으로 이어진다. 4-5장의 찬미와 무척 비슷하지만, 여기서만 유일하게 감사라는 단어가 나타난다(11,17). 무엇에 감사하는가? 하느님이 "큰 권능을 '쥐시고'(εἴληφας)" "친히 다스리기" 시작하신 데 대한 감사다.[37] 하느님은 이제껏 권능을 쥐고 다스리지 않으셨던가? 정확한 시간의 시점을 알려 주지 않는 반과거와 미완료 동사가 대부분인 17-18절에서 현재완료형인 '쥐시고'(εἴληφας)는 유일하게 시간개념을 적용할 수 있는 동사다. 따라서 17절이 표현하려는 것은 하느님이 이제부터는 당신 권능을 본격적으로 행사하시기로 함으로써 세상이 그분의 직접적인 다스림을 체감하게 되리라는 것, 다시 말해 이제까지와는 전적으로 다른 삶의 차원이 열렸고 그것이 영원무궁토록 지속되리라는 뜻이다. 이는 '세상 나라가 주님의 나라가 된 것'에 대한 15절의 찬미와 사뭇 통하고 있다.

연이은 18절은 17절을 보완해 설명한다. 하느님의 직접적 다스림은 다름 아닌 당신 진노가 드러나는 것으로서(6,17 참조) 죽은 이들에 대한 심판의 '때'(καιρός, 카이로스)가 도래하여 각자의 행실에 따라 상과 벌이 주어질 것을 의미한다.[38] 순교자들이 기다려야 했던

---

37 이 짧은 단락에서 '다스리다'(βασιλεύω)의 어근이 세 번이나 쓰이고 있음은 주목할 만하다.

38 "너희가 한 일에 따라 각자에게 갚아 주겠다"고 2,23에서 말씀하신 그대로다. "낮

시간이 마침내 다 채워졌다는 얘기다(6,10-11).

팔목할 만한 점은 11,15-18의 모든 내용, 곧 하느님의 강력한 다스림, 민족들의 분개, 하느님 진노의 실현, 그리고 죽은 이들에 대한 심판이 〈다〉~〈마〉에서 전부 일어난다는 사실이다.[39] 그렇다면 11,15-18은 〈다〉 이하에서 일어날 내용의 요약이다. 마치 신문의 머리기사(headline)처럼 앞질러 설명해 주는 예변(豫辯, prolepse)의 역할을 하고 있는 것이다.[40]

11,19: 이 찬미에 이어 세 가지 현상이 나타난다.

• 하늘에 있는 하느님의 성전이 열림: 세상 나라가 판을 치는 동안 하늘과 땅은 거의 막혀 있었다. 그래서 요한은 작은 문을 통하여 하늘에 들어갈 수밖에 없었다(4,1). 하지만 이제는 하늘 성전이 열림으

은 사람이든 높은 사람이든"이란 말은 한 사람도 이 상벌의 심판에서 빠지지 않을 것임을 강조한다.

39 중심 환시 전체에서 유일하게 쓰인 11,18의 '때'(카이로스)는 지상의 시간개념인 '때'(크로노스) 곧 시간의 길이나 특정 시점이 결코 아니며, 하느님 현존의 밀도가 강한 시간을 의미한다. 10,6-7은 일곱째 나팔이 울릴 '때' 하느님의 신비가 완전히 이루어진다고 하는데, 여기서 '때'로 번역된 말은 직역하면 '그날들에'(ἐν ταῖς ἡμέραις)이다. 다시 말해 〈나7〉에서 선포된 '때'(카이로스)는, 예수님의 지상 활동 시기처럼, '여러 사건의 발생을 통해 하느님의 신비가 드러나는 날들'이다. 실제적으로 〈다〉에서 시작해 〈마〉, 아니 결말 부분에 이르기까지 하느님은 이 세상에 본격적이고 강력하게 현존하여 활동해 주실 것이다.

40 '예변(법)'이란 "이야기된 역사의 관점에서 뒤에 나오는 사건을 예견하거나 미리 앞당겨 이야기하는 설화적 조작이다". 다니엘 마르그라 · 이방 부르캥, 『성경 읽는 재미』 394. 박요한 영식은 이를 '사전역사'(事前歷史)로 번역한다(시미안 요프레, 『구약성서 연구방법론』, 352 참조). 찬가의 특성에 대한 본고 5.2도 참조.

로써 하느님이 땅에 적극적으로 현존하시리라는 뜻이다. 이는 예수님의 세례 때 하늘이 열리고(마태 3,16), 그분 죽음의 순간 지성소의 휘장이 찢어지는 것(마태 27,51)과 통하는 맥락이다.

• 성전 안에 있는 하느님의 계약 궤가 나타남: 계약의 궤란 무엇보다도 당신 백성을 향한 주 하느님의 충실성, 곧 죄의 용서와 구원은 물론 적에 대한 복수까지를 포함한 하느님의 자애로운 활동을 상징하는 것이다. 유다인들은 모세 때에 만들어져 기원전 587년 예루살렘의 함락과 함께 사라진 이 궤가 종말의 때에 다시 나타나리라는 전승을 갖고 있었다(2마카 2,4-8 참조).[41]

• 번개, 요란한 소리, 천둥, 지진, 큰 우박: 이미 언급했듯이 이런 대단한 우주적 현상은 성경에서 하느님의 현현이나 그 영광을 드러낼 때 흔히 사용되는 표현이다.

그러므로 11,19가 묘사하고 있는 세 현상 전부가 결국은 하나의 메시지로 수렴된다. 이제 약속된 종말의 때(카이로스)가 도래해 하느님이 참으로 땅에 더 적극적으로 현존하며 활동하시리라는 것이다. 한마디로, 11,19는 11,15-18의 찬미 내용에 대한 현상학적 확인인 셈이다.

---

41 예루살렘이 함락될 무렵 예레미야 예언자는 신탁을 받고 계약의 궤를 느보산으로 가져가 동굴에 안치한 후 입구를 막아 버렸다. 따라갔던 몇 사람이 길을 표시해 두려 하자 예레미야는 그들을 꾸짖었다. "그 장소는 하느님께서 백성을 다시 한데 모으시어 자비를 보이실 때까지 알려지지 않은 채로 남아 있어야 한다. 그때에 가서야 주님께서는 저 물건들을 드러내실 것이다"(2마카 2,7).

그렇다면 둘째 시리즈의 일곱 번째 단락(〈나7〉)도 다른 일곱 번째 단락들처럼 다음 시리즈인 〈다〉에 연결될 것인가?[42] 먼저 〈나7〉과 〈다1〉의 관계를 보자. 무엇보다 먼저 눈에 띄는 것은 11,19와 12,1.3에 쓰인 '나타나다'(ὤφθη)라는 동사다. 이는 인간의 시각 활동과 전혀 무관하게 하느님이 보여 주시는 것을 의미하는데(마르 9,4; 1코린 15,5) 묵시록에서는 세 번 연속적으로 오직 이 자리에서만 쓰이고 있다. 더욱이나 '하늘에'(ἐν τῷ οὐρανῷ)라는 표현 또한 똑같은 자리에서 세 번 연속적으로 쓰이고 있으니 이런 현상을 그저 우연으로만 치부할 수 없고, 〈나7〉과 〈다1〉의 연속성을 드러내기 위한 저자의 의도로 보는 것이 합당하다. 아울러 "형용사 '다른'(ἄλλος)을 사용해 두 번째와 세 번째 표징(12,3; 15,1)이 첫 번째(12,1)와 연결되어 있음을 구조를 통해 의도적으로 부각"함으로써[43] 저자는 계약의 궤가 나타남을

---

42 적지 않은 학자들이 중심 환시가 일곱 봉인, 일곱 나팔과 일곱 대접이라는 세 시리즈를 기본 구조로 하는 순환과 반복 기법을 사용하고 있다고 말한다(김추성, 『요한계시록 1-9장』, 408-409; J. L. Resseguie, *The Revelation of John*, 54-55). 따라서 일곱째 나팔과 일곱 분노의 대접 사이에 놓인 12-14장이 본래의 흐름을 갈라놓는다고 보아 이를 흔히 '막간'으로 취급한다(김추성, 같은 책, 92; Paige Patterson, *Revelation*, Nashiville, Tennessee, 2012, 258; J. C. Thomas & Frank D. Macchia, *Revelation*, Grand Rapids, Michigan, 2016, 3. 214). 또는 11,15-19에서 12,1로의 이월을 종종 급격한 전환으로 간주한다(Christopher C. Rowland, *The Book of Revelation, Introduction, Commentary, and Reflections*, Abingdon Press, Nashville, 1998, 648). 나아가 이러한 불연속성의 가장 큰 원인을 다른 전승 사료 혹은 환시의 배열 순서에 관심을 두지 않은 저자나 편집자에게서 찾기도 한다(Ben Witherington III, *Revelation*, Cambridge, New York, 2009, 4. 166). 한마디로, 학자들 대다수가 〈나7〉과 〈다1〉 사이의 연결을 부정한다.

43 Brian K. Blount, *Revelation A Commentary*, Louisville: Westerminster John Knox Press, 2009, 224.

필두로 종말이 '특별한 표징'과 함께 도래함을 알리고 있다.[44]

다음으로 유념할 것은 〈나7〉과 〈다〉시리즈 전체와의 관계다. 〈나7〉은 하느님의 진노와 심판의 '때'(καιρός)가 닥쳤음을 선포하며 그에 따라 상 혹은 벌을 받게 될 대조적인 두 부류가 있을 것을 알린다. 〈다〉시리즈는 전반적으로, 대조되는 두 부류를 소개하는데 독자는 그들 각각의 정체, 특성, 활동과 그 미래 운명을 그리 어렵지 않게 감지할 수 있게 된다. 〈다1〉은 여인과 아기 그리고 여인의 나머지 후손들(12,17)과 그들에게 대적하는 용을, 〈다2〉와 〈다3〉과 〈다4〉는 두 짐승과 어린양을 각각의 추종자들과 더불어 강하게 대조한다. 마침내 〈다5〉와 〈다6〉에서는 심판의 '때'(ὥρα: 14,7.15)를 앞세우며 하느님 경외 혹은 짐승에 대한 경배를 선택함에 따라 결정적으로 달라질 두 대조적인 운명, 곧 영원한 행복(상)과 영원한 파멸(벌)을 선포하는 것으로써 독자의 삶을 파고든다. 〈나7〉의 언명이 〈다〉시리즈에서 점점 확연해지는 셈이다. 무슨 뜻인가?

결국 〈가〉와 〈나〉 그리고 〈라〉와 〈마〉의 관계처럼 〈다〉시리즈 또한 〈나7〉의 '연장이요 구체화'로서, 가까이는 〈나〉시리즈에 그리하여 더 멀게는 마침내 〈가〉시리즈(일곱 봉인)에 속하게 되는 것이다.

---

44 이렇게 볼 때 하늘에 나타난 괄목할 만한 세 개의 표징은 각각 독특한 것으로 초세기 그리스도인들이 종말에 나타나기를 기대했던 바로 그 표징으로 볼 수 있다(마르 13,4; 마태 24,3). 아울러 묵시록에서는 거짓 예언자나 마귀의 영이 행하는 것들은 모두 복수형 (σημεῖα)을 취하고 있다(13,13.14; 16,14; 19,20).

이런 식으로 중심 환시 전체가 각각 일곱 번째 단락을 통해 꼬리에 꼬리를 무는 식으로 연결되어 전개부와 해결부 전체가 통합된 한 몸을 이루게 된다. '7×5' 구조와 더불어 시리즈 간의 연결 또한 놀랍도록 조직적이지 않은가! 5장에서 일곱 봉인 안에 역사의 비밀이 다 들어 있다고 한 것이 바로 이런 구조를 통해 증명되는 셈이다. 이를 도표로 그리면 다음과 같은 모습을 보여 준다.

【표 1-2】

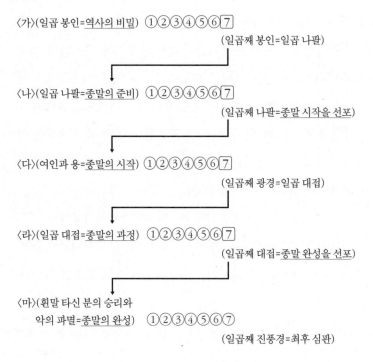

〈가〉(일곱 봉인=<u>역사의 비밀</u>) ①②③④⑤⑥⑦

(일곱째 봉인=일곱 나팔)

〈나〉(일곱 나팔=<u>종말의 준비</u>) ①②③④⑤⑥⑦

(일곱째 나팔=종말 시작을 선포)

〈다〉(여인과 용=<u>종말의 시작</u>) ①②③④⑤⑥⑦

(일곱째 광경=일곱 대접)

〈라〉(일곱 대접=<u>종말의 과정</u>) ①②③④⑤⑥⑦

(일곱째 대접=종말 완성을 선포)

〈마〉(흰말 타신 분의 승리와
　　악의 파멸=<u>종말의 완성</u>) ①②③④⑤⑥⑦

(일곱째 진풍경=최후 심판)

위의 관찰은 〈나7〉의 특별한 역할을 보여 준다. 〈나7〉을 기점으로 '이미 그러나 아직'이 마침내 '이제'로 변함으로써 중심 환시 전체를 '종말의 준비'(〈가〉~〈나〉)와 '종말의 도래'(〈다〉~〈마〉)라는 질적으로 전혀 다른 두 차원, 곧 '세상 나라'와 '그리스도의 나라'로 나누는 것이다.

이런 구분을 성경 본문 또한 뒷받침해 주는데, 원로들의 찬가 (11,17-18)를 앞선 찬가들과 비교하면 여러 놀라운 차이점들이 발견된다. 하느님은 "지금도 계시고 전에도 계셨지만" 이제는 더 이상 "오실 분"이 아니며(1,4.8과 4,8을 비교), 또한 그분은 이제까지보다도 훨씬 "큰" 권능(4,11과 7,12을 비교)을 가지고 다스리실 것이다. 나아가 〈가〉와 〈나〉시리즈에서 상징들은 모호하게 제시되고 재앙은 부분적(1/3)이며 인물들은 네 생물이나 원로 혹은 천사 등 하늘의 존재들을 제외하고는 모두 비적극적인 데 반해, 〈다〉시리즈부터 상징들은 주어지는 정보나 추측에 의거해 그 뜻을 알아들을 수 있게 되고, 재앙은 전면적인 차원에서 일어나며, 주요 행위자는 하늘의 존재들뿐만이 아니다. 정체가 뚜렷한 두 대립 존재(사탄과 그 추종자들, 그리스도와 그 추종자들) 사이의 갈등이 뚜렷해지며 갈수록 격렬해지는 것이다. 이에 발맞추어 서술의 방식도 더 극적(劇的)이 되며, 심판에 대한 더욱 잦은 위협, 경고, 회개로의 초대는 독자가 시급히 결단을 내리도록 점점 더 강력하게 몰아간다.

이제 다시 본문 해설로 돌아가도록 하자.

3.2.3 〈다〉 일곱 광경(12,1-15,8)

크게 세 가지 이슈를 볼 수 있겠다. '반대되는 두 편의 대립과 악의 위협적인 힘'(〈다1〉~〈다3〉), '어린양의 승리 예고'(〈다4〉), '임박한 심판의 때와 더불어 점진적으로 강화되는 회개와 믿음에로의 초대'(〈다5〉~〈다6〉)다. 마지막 광경인 〈다7〉은 〈라〉시리즈에서야 구체화된다.

3.2.3.1 첫째~셋째 광경(〈다1〉~〈다3〉 12,1-13,18)

종말의 도래는 '아기를 배고 있는 한 여인'이 나타나는 것으로 시작되는데, 〈다〉시리즈의 가장 마지막인 '일곱 천사가 가진 일곱 나팔'(〈다7〉)과 더불어, '큰 표징'이라 불린다. '용'이 곧 표징으로서 나타나겠지만 이들만큼 대단한 것은 아니다. 여인과 아기가 구체적으로 누구를 가리키든 간에 그들은 분명 그리스도와 그분의 교회와 연관되며,[45] 억압과 박해 속에서 무력했던 기원후 1세기 말의 성도들처럼 이 여인과 아이도 자기방어 능력이 전혀 없다. 하지만 이들은 악의 위협과 위험 아래서 하느님의 보호와 구원을 직접적으로 체험하니 계약 궤의 출현(11,19)으로 시작된 하느님의 강력한 다스림, 곧 그분의 충실성과 큰 권능이 실현되고 있는 것이다. 따라서 종말 도래의 첫 표징으로 등장한 이들은 사실상 종말이 도래했음을 증거하는 인물이라고도 할 수 있다.

---

45 본고 보충 관찰 2의 대립 상징들 2) '두 여인' 참조.

용이 미카엘과의 전쟁에서 패배하는 순간 하늘에서 울려오는 찬가는 사탄이 내쫓긴 사실이 '하느님의 구원과 권능과 나라 그리고 그리스도의 권세가 나타난 것'이라고 일러 주는데(12,10) 일곱째 나팔의 찬가(〈나7〉 11,15-18)에서 쓰였던 단어와 크게 공명하고 있다. 그러니 용의 패배 또한, 여인의 구원받음과 마찬가지로, 종말이 도래했음을 알리는 표징이 된다.

하늘에서 자리를 잃은 용의 새로운 터전은 '바닷가 모래 위'다(12,18). '바닷가'란 바다와 땅 사이의 경계이므로 이제부터 그는 이 양쪽을 근거지 삼아 자신의 힘을 발휘할 것이다(12,12 참조).[46] 과연 연이은 두 환시(〈다2〉와 〈다3〉)는 '바다'와 '땅'에서 올라오는 짐승을 소개하는데 그들은 용의 영향력 아래 놓여 용과 긴밀한 관계를 맺고 있다. 그래서인지 〈다2〉와 〈다3〉은 새로운 표징이라기보다는 용의 표징의 연속인 듯한 느낌을 주고 성경 본문 또한 이들을 굳이 새로운 종말 표징으로 소개하지 않는다.

〈다2〉와 〈다3〉에 나타나는 두 짐승의 행보는 당시 박해 아래 있는

---

46 한편으로 용의 위압감이 대단한 건 사실이지만, '모래 위'라는 말은 불안정한 느낌을 준다. 사실 용이 주는 위압감과 그리스도교인의 승리를 예고하던 '땅과 바다를 딛고 선 큰 능력을 가진 천사'가 가졌던 굳건한 위용(10,2.7)이 서로 다르니 모래는 허무한 끝을 가져다주기 십상이기 때문이다(마태 7,26 참조). 아닌 게 아니라 용의 활동 시간은 짧을 것이며(12,12), 이 기간은 종말 심판이 완전히 이루어질 때까지, 다시 말해 지상의 교회가 받는 박해가 끝날 때까지인 3년 반(7년의 반으로서 길지 않은 시간)에 해당한다.

그리스도인들이라면 누구나 알아들을 만큼 그들의 현실을 강하게 반영하며 공감과 공포를 동시에 이끌어 내는데 그 마지막 절인 13,18은 이제 적극적으로 독자를 향하고 있다. 숫자 666의 정확한 의미가 무엇이든, 명백한 점은 이 숫자가 그 시절의 어떤 구체적인 인물을 가리키고 있다는 사실이다. 독자는 지혜를 다해 숫자 666의 주인공을 알아야 하고 또 그를 조심해야 한다는 조언을 받고 있는 것이다. 과연 〈다〉부터 시작해 독자들을 향한 설화자의 소리가 상당히 구체적이며 적극적이 되는데 이는 종말 완성이 선포되기 직전 (〈라6〉)까지 점점 더 강화될 것이다.

3.2.3.2 넷째 광경(〈다4〉 14,1-5)

구원된 십사만 사천 명의 아름다움과 덕을 그리는 이 단락은 어린양과 함께하고 있는 그들을 거짓과 속임수와 욕망의 화신인 앞선 짐승들과 확연히 대비하고 있다. 이마에 적힌 어린양과 그 아버지의 이름, 땅으로부터 속량됨, 하늘에서 부르는 새 노래, 어린양에게 성실한 추종, 하느님과 어린양을 위한 만물, 거짓 없고 흠 없음 등의 표현은 이들이 11,18(〈나7〉)이 선포한, 심판 때에 상을 받을 이들임을 짐작할 수 있게 한다. 아울러 이들이 머무는 곳은 바다와 땅과는 대조적인 견고한 산, 그것도 하느님의 도성을 상징하는 시온산이다. 시리즈에서의 위치도 비교적 암울한 세 단락을 양옆으로 두고 마치 산처럼 가운데 우뚝 솟아 밝음을 쏟아 내고 있다.

3.2.3.3 다섯째 광경(〈다5〉 14,6-13)

네 개의 연속적인 환시가 상반되는 두 부류의 모습을 보여 준후, 이제 세 천사가 나타나 종말에 관해 세 가지 말을 한다. 첫째는 온 세상 사람들을 위한 영원한 복음의 선포로서 심판 시간이 다가왔으니 창조주이신 하느님을 경외하라는 것, 쉽게 말해 사탄이나로마 황제가 아닌 참 신을 섬기라는 것, 둘째는 대바빌론의 멸망 예고, 마지막 셋째는 짐승을 경배하는 이가 받을 고통이다. 세 천사의역할은 분명하다. 독자가 올바른 선택을 할 수 있도록 그리고 인내로써 믿음을 지키도록 독려하는 것이다. 단락의 결론 격인 14,13에서 요한은 "'이제부터 주님 안에서 죽는 이들은 행복하다'고 기록하여라"는 명령을 받고 있다. 묵시록에 총 일곱(!) 번 나타나는 '행복하다'는 말이 1,3에 이어 여기서 두 번째로 쓰이며 성령의 말씀으로 인준되는 듯한 메시지가 독자를 영원한 천국에 대한 희망으로 가득 채워 준다.[47] 주님 안에서 맞이하는 죽음은 그들의 운명을 황제를

---

47 여기서 말하는 행복은 오직 미래 지향적인 것인가 아니면 독자들의 현실과도 관계가 있는 것일까? 요한은 편지의 서두에서 자신을 소개하며, 바오로가 즐겨 사용하던 '사도'나 '지도자'나 '아버지' 같은 단어가 아니라(2코린 12,12; 1티모 5,17; 1테살 2,11 참조), "여러분의 형제", "함께 '코이노니아'를 나누는 이"(συγκοινωνός)라는 평등하고 친근감을 주는 호칭을 쓴다(1,9). 그리스어 '코이노니아'는 보통 친교나 소통을 의미하였지만 그리스도인들에게는 그 이상의 뜻을 지녀 주일에 모여 빵을 나누는, 곧 예수님의 몸과 피를 나누는 공동체가 지녔던 하느님과 형제들 간의 특별한 관계를 의미하였다(사도 2,42-47 참조). 환난 중에 그리스도인의 삶을 지탱해 준 큰 에너지원이었다고 할 수 있겠다. 우리나라의 박해 시절에 황일광이라는 백정이 사대부 정약종과 겸상을 하여 밥을 먹었다. 그리스도인이 아니었으면 꿈도 꾸지 못할 일이었다. 그래서 그는 늘 자신이 두 개의 천국을 가졌음을 자랑했다, 하늘에 하나, 그리고 지상에 하나. 세상의 기준을 넘어 사랑받고

따르는 이들과 정반대로 만들어 줄 것이다(14,10-11 참조). 이 단락
에서는 하늘이 들려주는 충고와 훈계와 위로가 직접적으로 독자를
향하며 그 언젠가가 아닌 지금 당장, 곧 매일의 삶에서 바른 선택을
하도록 종용한다.

3.2.3.4 여섯째 광경(⟨다6⟩ 14,14-20)

세 천사의 등장으로써 ⟨다5⟩와 맥을 같이하면서도 한결 발전하
였음을 알 수 있으니 사람의 아들 같은 분의 등장과 함께 추수의 이
미지가 점점 도를 높이면서 부각되기 때문이다. '낫'이라는 단어가
계속 일곱(!) 번이나 나타나 이 세 장면을 이어 가는데 처음에는 구
름 위에 앉아 계신 분이 낫을 휘두를 준비를 하고, 두 번째는 낫을
휘둘러 손수 수확을 한다. 하느님이 기다리시던 땅의 곡식들이 때
를 다 채워 제대로 영글었기 때문이다. 쉽게 말해, 이제 지상 성도들
의 순교 준비가 잘 갖추어졌고(14,15) 따라서 천상 순교자들의 기다
림의 시간도 막바지에 달했다(6,11ㄴ 참조).

사랑하는 '사랑의 체험'은 곧 천국 행복의 체험이었던 것이다. 어느 날 땔나무를 사러 나
갔다가 포졸들에게 체포되자 명랑하게 말했다. "나리들이 나를 남원 고을(나무하러 가다
가 잡힌 곳)에서 살기 좋은 옥천 고을(감옥)로 옮겨 주니 이 큰 은혜에 감사드립니다." 옥
중의 무서운 고문에도 불구하고 그는 이러한 기상을 잃지 않았고 마침내 고결하게 순교
하였다. 묵시 14,13.15가 말하는 경지가 이렇지 않았을지? 형제 그리스도인들과 '함께 환
난과 인내와 하느님 나라에 동참하는' 삶을 지켜 갈 때(1,9 참조) 인간은 모진 고생 안에
서나 죽음의 칼끝이 닥치는 상황에서도 행복의 맛을 느낄 수 있음을 파트모스섬의 유형
수 요한은 그리스도의 말씀뿐 아니라 자신의 삶을 통해서도 증언했던 듯하다.

마지막으로 하늘 성전의 제단에서 나온 천사, 곧 순교자들이 심판과 복수를 청하던 곳(6,9-10)에서 나온 이 천사는 '불'에 대한 권한을 가진 것으로 미루어 종말론적 징벌을 담당하는 천사임이 분명하다(마태 3,10; 7,19; 13,40-42 참조). 그는 악으로 무르익은 땅의 포도송이들을 낫으로 베어 하느님 분노의 큰 포도 확에 던져 넣는다(요엘 4,13 참조). 천육백 스타디온(=40스타디온×40), 곧 '4×10'의 제곱으로 된 숫자를 사용하여 땅의 사방 어느 한 곳 빠짐없이 엄청난 양의 피로 가득 찼다는 것을 암시함으로써 징벌의 심판이 얼마나 참혹할지 독자를 무서운 상상의 세계로 이끌어 들인다.

결국 〈다5〉와 〈다6〉은 두 단락 사이에 공명과 점층의 느낌을 창출하면서 동시에 구원과 징벌이라는 명암을 함께 실어 사람들을 적극적 회개로 몰아가는 역할을 하고 있다. 더 이상 시간도 기회도 없기에 지금(!) 회개하지 않으면 안 될 듯한 분위기를 조성하는 것이다. 실상 이후로 회개의 권고는 더 이상 나타나지 않고 〈다7〉부터는 마지막 재앙들이 실행될 뿐이다.

3.2.3.5 일곱째 광경(〈다7〉 15,1-8)

징벌에 대한 경고가 마침내 극에 달한다. 하느님의 분노는 일곱 대접으로써 끝날 것이며(15,1), 이것은 짐승에게 승복하지 않은 이들에게는 파스카적 사건이 될 것이다(15,2-4). 승리자들이 부르는 '모세와 어린양의 노래'는 그리스도인들의 새로운 파스카를 경축하는 것으로서, 많은 재앙까지를 포함해 주님이 하는 모든 행위가 그분의 의로우심과 참되심을 드러내는 일임을 고백한다. 이 찬미가는 결국 주님의 의로우심에 대한 만민의 경외와 찬양과 경배를 보여 주는데 그 성격이 〈나7〉과 사뭇 비슷하다. 곧, 앞으로 닥칠 마지막 일곱 재앙에 깃든 의미를 요약하는 예변(prolepse)으로서 뒤따르는 현상(15,5-8)이 그 내용의 진정성을 확인시켜 주기 때문이다.

〈다7〉은 〈나7〉에서 진전을 보이니 이제는 하늘의 성전이 열리는 것을 넘어 지성소로부터 천사들이 나오고 있다. 하느님의 분노가 가득 담긴 금 대접, 곧 일곱 재앙은 네 생물의 손을 거쳐 천상의 아름답고 고귀한 빛을 발하는 천사들에 의해서 실행된다(15,5-6). 다시 말해 이 재앙들은 단순한 벌이 아닌, 하느님의 거룩함과 의로우심에서 나오는 것들로서 이 순간 성전의 모습은 탈출기 40,34-35을 연상시키며 인간이 감히 범접할 수 없는 하느님 현존의 영광과 권능을 드러낸다.

3.2.4 〈라〉 일곱 대접(16,1-21)

〈라〉는 〈다7〉의 '구체화요 연장(延長)'으로서 〈나〉와 〈가7〉의 관계와 같음이 한눈에 드러난다. 전체적인 재앙의 대상은 〈나〉와 거의 병행하지만 재앙은 한 치 남김없이 전폭적이 되며, 그조차 점점 더 강해져 다섯 번째에서는 로마 황제의 어좌가 타격을 받고 여섯 번째에 이르러서는 두 연합 세력, 곧 '해 돋는 쪽의 임금들'과 '마귀들의 영(=더러운 영)의 연합군' 사이의 대격전이 예견된다.[48] 동시에 '회개하지 않았다'는 거듭되는 보도(16,9.11)를 통해 재앙의 목적이 회개라는 사실도 점점 더 부각된다. 물론 〈라7〉은 〈라〉의 절정이다. 하늘 어좌에서 울려 나오는 "다 이루어졌다"라는 말과 함께 동반되는 우주적 현상은 이로써 하느님의 분노가 끝날 뿐 아니라 그분의 영광 또한 최대로 드러날 것을 확인시킨다(11,19; 15,1.8 참조). 그러나 큰 재앙에 대한 사람들의 반응은 하느님을 모독하는 것이니 (16,9.11.21), 이들은 진노의 심판을 면할 길이 없을 것이다. 이미 관찰했듯이 〈라7〉은 〈마〉시리즈에서 더 연장되고 구체화된다.

3.2.5 〈마〉 일곱 진풍경(17,1-20,15)

중심 환시의 해결 부분(resolution)인 만큼 가장 흥미롭다. 여기서 독자는 그동안 알지 못했거나 불확실했던 것을 알게 되며(계시의 줄

---

48 '해 돋는 쪽의 임금들'은 누구인가? 많은 경우 이들을 로마제국 동쪽에 살던 파르티아인들로 간주한다(주교회의 성서위원회 편찬, 임승필 옮김, 『요한묵시록』, 한국천주교 중앙협의회, 2002, 85 각주 6; 정태현, 『거룩한 독서를 위한 요한묵시록 주해』, 167). 본고에서는 이미 '해 돋는 쪽'(7,2)이나 '천사가 유프라테스에 하는 일'(9,14)이 다 하느님의 구원 행위와 관계됨을 보았다. 16,12 또한 같은 맥락에서 알아들을 수 있다. 더불어 강물이 말라 마른땅의 길을 마련하는 것은 전형적으로 하느님이 하시는 일이다(탈출 14,16.22.29; 여호 3,16-17; 이사 11,15). 따라서 이 '해 돋는 쪽의 임금들'은 단순한 역사적 의미를 훨씬 넘어선다. 사실 묵시록이 쓰일 즈음 파르티아는 로마에 실제적 위협의 대상이 되지 못했고 서기 63년 이후 멈추었던 전쟁은 서기 105년부터야 재개되었다(안병철, 『요한묵시록 II』, 가톨릭대학교출판부, 1996, 51 참조). 16,14의 "하느님의 저 중대한 날"과 16,16의 적의 최종 참패지로 알려진 "하르마게돈"이라는 말에서 보듯(즈카 12,11 참조) 이 전쟁은 하느님과 악의 세력 사이에 벌어지는 종말 전쟁을 가리키는 것이다.

거리의 절정), 처음의 상황이 뒤바뀌는 것을 보게 된다(행위의 줄거리의 절정). 다른 말로 〈가〉에서 시작된 많은 하위 줄거리들(minor plot-lines) 이 〈나〉~〈라〉를 거치며 흘러내리다가 이제 포구에 달했다 하겠 다.[49] 그러므로 〈마〉시리즈는 일곱 봉인(〈가〉)에서 심겨진 소주제들 (motifs)과 함께 전체적인 안목에서 볼 필요가 있으며 〈가1〉은 그 의 미의 중대성으로 말미암아 가장 마지막에 다루도록 할 것이다.

3.2.5.1 재앙 주제(〈가2〉~〈가4〉)

대부분의 학자들은 이 재앙들이 인간에게 해를 끼치는 악의 세 력에서 비롯한다고 본다. 그리하여 본문에 자주 나오는 '불행'(οὐαί) 을 상기하며 이들을 '불행 혹은 악의 꾸러미'(woe/evil-package)라고 부 른다. 그러나 불행과 재앙은 오직 악에서만 오는가?[50] 앞서 살펴본 대로 구약성경에서 '기근, 흑사병, 칼 그리고 들짐승의 밥'은 마치 '꾸러미 숙어'(packaged idiom)처럼 서너 개 단어가 함께 엮여 하느님 이 죄악에 대해 경고하실 때, 회개로 초대하실 때 혹은 죄지은 이들 에게 진노하여 심판하실 때 전형적으로 나타난다.[51]

---

49 이런 이유로 〈마〉에 대한 해설은 본고 3.2.1에서 일곱 봉인이 제시했던 의문점들과 함께 보아야 할 것이다.

50 3,19("내가 사랑하는 사람들을 나는 책망도 하고 징계도 한다."); 6,16-17(어좌에 앉아 계신 분과 어린양의 진노); 16,1(하느님 분노의 대접) 등 참조.

51 유황, 연기, 불이 함께하며 극악한 죄에 대한 벌을 표현하는 역할을 하는 것과 비슷 하다. 아울러 위에 열거된 재앙들이 함께 나타날 경우 악이 그 주체가 되는 경우는 성경 에서 찾아볼 수 없다.

〈가6〉부터 시작해 재앙은 전개부 거의 전체를 뚫고 흐르며 종말 도래 시작이 선포되는 〈나7〉 이후부터는 점점 더 격렬해진다. 동시에 이를 통한 경고와 위협과 회개로의 초대도 점점 잦아지고 강해져 〈다5〉부터는 더욱 직설적이 되며, 〈마〉시리즈에 이르면 "내 백성아, 그 여자에게서 나와라. 그리하여 그 여자의 죄악에 동참하지 말고 그 여자가 당하는 재앙을 입지 마라"(18,4)는 구체적인 명령으로 바뀐다. 또한 그동안 계속 전쟁의 이미지와 메뚜기 부대의 출현 등 상징을 통해 간접적으로만 묘사되던 '전쟁, 죽음, 기근' 등 재앙이 '흑사병과 굶주림'(18,8), '칼'(19,15.21), '새(짐승)의 밥'(19,18.21), '죽음'(19,21)이라는 〈가2〉~〈가4〉가 사용했던 직접적인 단어들로 바뀌고 있다. '불행'(οὐαί)이라는 단어가 6번(!)이나 사용되는 것으로 미루어(18,10.16.19) 바빌론의 멸망이 앞선 두 불행(9,12; 11,14)에 이은 셋째 불행으로 보이긴 하지만 사실상 천재지변과 죽음과 저승은 마지막 전투(〈마5〉)까지 계속되고 사탄의 최후 멸망까지 이어진다(〈마6〉). 다시 말해 셋째 불행은 인간 불행의 범주를 훨씬 넘어 일곱째 나팔이 가져올 모든 것이기에 저자는 의도적으로 이에 대해 따로 언급하지 않은 듯하다. 로마 황제는 사탄이 고용한 하수인이었을 뿐, 하느님은 당신과 당신 백성을 거슬러 끈질기게 저항하는 악의 근원, 곧 모든 불의의 근원까지 다 파괴하기를 원하시기 때문이다. 이리하여 둘째~넷째 봉인(〈가2〉~〈가4〉)에서 생겨난 하위 줄거리는 〈마6〉에 이르러 그 해결을 보게 된다.

종합하면, 재앙은 회개를 촉구하기 위한 경고나 벌(심판)의 도구인 동시에 당신 백성을 보호하는 하느님의 도구로서 전체 이야기를 관장한다. 그리고 이는 구약성경에 나타나는 '전쟁, 기근, 흑사병과 들짐승의 밥'의 용법과 온전히 조화된다.

3.2.5.2 심판과 복수의 주제(〈가5〉)

다섯째 봉인에서 "저희가 흘린 피에 대하여 땅의 주민들을 심판하고 복수하시는 것을 언제까지 미루시렵니까?"(6,10)라던 순교자들의 청은 구원될 사람들을 더 많이 모으기 위해 지체되었다(6,11; 참조: 7,3; 10,11). 하지만 일곱째 나팔이 울림(〈나7〉)과 동시에, 곧 종말 도래의 선포와 함께 하느님의 본격적 활동이 시작되면서 심판과 복수에 관한 주제도 다시 나타난다. '피', '복수', '심판'(6,10)의 말줄기를 따라가면 이 하위 줄거리가 어떻게 발전되어 나가는지를 알 수 있는데 그중 몇 구절은 특별히 눈여겨볼 만하다.

생수가 피로 변하는 재앙인 16,4-7(〈라3〉)은 단어나 장면이 확실히 다섯째 봉인을 반영하고 있는데, 피로써 피를 갚는 하느님의 동태복수가 참되고 의로운 심판이라는 천사의 말에 '제단'이 동의하는 것(16,7)이 흥미롭다. 왜 하필 제단인가? 하늘의 이 제단은 다름 아닌 살해된 순교자들이 그 아래 누워 있던 곳(!)이다(6,9). 순교자들의 청원을 직접 들은 자로서 증인 역할을 하는 것이다. 따라서 독자는, 제단의 이 증언과 함께, 하느님이 당신의 참됨과 의로우심으로 재앙을 통해 순교자들의 청원을 채우고 계시다는 사실을 알게 된다. 피, 복수, 심판에 관한 주제들은 계속 흐르다가 19,2의 '큰 목소리'에서 일종의 정점을 맞이한다. "과연 그분의 심판은 참되고 의로우시다. 자기 불륜으로 땅을 파멸시킨 대탕녀를 심판하시고 그 손에 묻은 당신 종들의 피를 되갚아 주셨다(ἐκδικέω)." 이는 하늘에 있는 많은 무리가 바빌론의 멸망을 두고 하는 논평으로서 이 무리에 순교자들이 포함되어 있음은 자명한 일이다. 이제 독자는 6,10에서 비롯한 순교자들의 청이 16,6-7과 18,24로 이어지다가 19,2에서 온전히 채워졌음을 알 수 있고, 스물네 장로와 네 생물의 연이은 '아멘'은 이 사실을 재확인시킨다(19,4). 한마디로, '복수'에 관한 하위 줄거리가 ⟨마2⟩에서 해결에 이른 것이다.[52] 묵시록 전체에서 오직 두 번만 쓰인 그리스어 '엑디케오(ἐκδικέω, 복수하다/되갚다)'가 시작(6,10)과 끝(19,2)이 되어 전체를 감싸고 있는 것은 이를 뒷받침한다 하겠다.

하지만 '심판'이라는 말은 여전히 계속되어 ⟨마7⟩까지 이른다. 마지막 심판에서 죽은 이들 모두가 제 행실을 따라 심판을 받는 것이다 (20,12-15). 다시 말해 '심판'에 관한 하위 줄거리는 최후 심판이 열리는 ⟨마7⟩에서야 그 끝에 도달한다는 뜻인데 여기서 하느님의 심판

---

52 피의 말고리들: 6,10→14,20→16,6→17,6→18,24→19,2. 로마는 자신들이 흘린 피만큼 피의 복수를 받는다. 이 밖에도 "땅을 파괴하는 자들을 파괴시키신다"(그리스어 직역. 같은 동사 διαφθείρω를 사용: 11,18)는 등 복수의 줄거리는 여러 가지 모양으로 나타난다.

혹은 분노의 대상이 순교자들이 청했던 대바빌론(로마제국)을 훨씬 넘어서 있는 것을 볼 수 있다.

그렇다면 누가 무슨 죄목으로 진노의 심판을 받는가? 이 질문은 "그 분들의 진노가 드러나는 중대한 날이 닥쳐왔는데, 누가 견디어 낼 수 있겠느냐?"라던 6,17(〈가6〉)을 되돌아보게 한다.

첫째, 이름 없는 사람들이 다음의 죄들로 인해 벌을 받는다. 우상을 만들거나 우상이나 마귀를 숭배함(2,14-16.20-23; 9,20), 짐승과 그 상을 경배하거나 짐승의 표를 받음(14,9-11; 참조: 13,4.16; 16,2), 살인과 마술과 불륜과 도둑질을 저지르고 회개하지 않음(9,21), 하느님과 그분의 이름을 모독하고 회개하지 않음(16,9.11.21).

둘째, 로마제국(=대바빌론)이 자신의 불륜 행위는 물론 다른 이들이 불륜을 저지르게 함으로써(14,8; 17,2.4; 18,3; 19,2), 또한 사치와 부와 마음의 탐욕 때문에(18,3.7.14.19), 그리고 성도들과 예언자들과 더불어 많은 이의 피를 흘린 대가로(16,6; 참조: 17,6) 벌을 받는다(17,1; 18장).

셋째, 로마 황제(=바다에서 올라온 짐승)와 그의 예언자(=땅에서 올라온 짐승)가 하느님과 그에 속하는 것들을 모독하고(13,5-6; 17,3), 황제와 그 상에 경배하게 하며 복종하지 않는 이들을 죽이고(13,15), 불합리한 상권 정책을 쓰며(13,16-17), 땅의 주민들을 속인 죄(13,14)로 벌을 받는다(19,20).

마지막으로, 사탄이 벌을 받는데(20,10) 그의 주요 죄목은 온 세상을 속인 것(12,9; 20,3)과 그리스도인들을 고발하고(12,10) 하느님과 그리스도인들을 거슬러 싸운 것(20,8-9ㄱ; 참조: 12,17)이다.

벌은 차례대로 차근차근 주어지며, 하늘의 스물네 원로는 이 모든 죄인을 뭉뚱그려 "땅을 파괴하는 자들"(11,18)이라 일컫는다.[53] 생명의 책에 이름이 기록되지 않은 자들이 모두 두 번째 죽음을 당해 불못에 떨어지는 것이다(20,14-15).

3.2.5.3 선택과 구원의 주제(〈가6〉)

여섯째 봉인의 끝부분(7장)은 벌에서 제외되고 구원된 사람들이 확실히 있음을 알려 준다. '하느님의 인장을 받은 이들'(7,4), '땅으로부터 속량된 십사만 사천 명'(14,3), '하느님을 경외하는 이들'(11,18; 19,5), '승리하는 사람들'(2,7.11.17.26; 3,5.12.21; 15,2; 12,11; 21,7 참조), '어린양의 혼인 잔치에 초대받은 이들'(19,9), '어린양의 생명의 책에 기록된 사람들'(13,8; 17,8; 20,15 참조), '하느님의 종들'(19,10; 22,9), '행복한 이들'로 불리는 이들이다. 이들은 한마디로 자신들이 한 의로운 행위로 말미암아 구원받는다(19,8ㄴ). 곧, 말씀을 듣고 지키며(1,3; 3,8.10), 어린양의 피로 자기들의 겉옷을 빨아 희게 하고(7,14; 12,11), 계명을 지키고 예수님의 증언을 간직하며(12,17), 예수님만을 추종하여 우상숭배를 하지 않고(14,4; 20,4), 미혹하는 교

---

53 결국 그들의 죄는 인간을 포함해 온 창조계를 '파괴'한 것으로서, 하느님은 그들을 '파괴'하신다(11,18).

리를 용납하지 않으며(2,14-15.20 참조), 사탄의 가르침과 깊은 비밀을 알려 하지 않고(2,24), 거짓이 없고 흠이 없으며(14,5), 늘 깨어 있고(3,2), 인내하며(3,10), 충실하게 신앙을 지켜 주님 안에서 죽는다(2,10; 14,13).

이제 순교자들에게 하신 하느님 대답(6,11)의 속뜻을 알 수 있다. 하느님은 이런 이들을 단 한 명도 빠짐없이 구원받게 하려고 종말 도래의 시간을 늦추신 것이다. 이리하여 〈가6〉에서 시작된 '선택과 구원'의 하위 줄거리는 전개부와 해결부 전체를 꿰뚫으며 계속 흐르다가 마침내 새 예루살렘의 기쁨이 묘사되는 결말에까지 다다른다. 사실상 7,15-17의 아름다운 찬가는 이 결말 부분과 몹시 어울리며 다가올 아름다운 미래를 앞질러 보여 주었다 하겠다.

한 가지 더 눈여겨보아야 할 점이 있으니 중심 환시 부분에 계속적으로 나타나는 '제외 혹은 유보의 형식'이다. 기근 재앙에서 제외되는 올리브기름과 포도주(6,6),[54] 하느님의 인장을 받을 이들을 위한 재앙의 유보(7,1-3), 〈나〉시리즈 재앙의 대상에서 제외되는 2/3, 메뚜기들의 활동 범주와 시간 제한(9,5.10) 및 활동 대상 제한(땅의 먹거리

---

54 밀과 보리 추수 계절을 비켜 갔기 때문이라는 추측도 할 수 있겠지만(탈출 9,32 참조), 그보다는 재앙으로부터 제외하는 하느님의 의도적인 보호로 알아듣는 것이 더욱 합당하다. 올리브기름과 포도주는 종종 하느님께서 당신 백성에게 주시는 선물로 간주되었으니(신명 33,28; 예레 31,12; 참조: 호세 2,10; 14,8) 온 세상이 기근으로 인해 굶주리는 가운데서도 하느님은 당신 백성을 배려하신다는 뜻일 수 있겠다.

와 하느님의 인장이 찍힌 이들을 해칠 수 없음: 9,4), 예언자 파견을 위한 천둥
소리의 봉인(10,4-11,6), 여인과 아이를 용으로부터 보호(12,5ㄴ-6,16),
짐승의 활동 시간 제한(13,5), 사탄의 활동 시간 제한(20,3)을 들 수 있
겠다. 이러한 제외 혹은 유보는 하느님의 백성을 보호하기 위해 혹
은 땅의 주민들에게 회개할 기회를 주기 위해서인데, 마지막으로 사
탄에게까지도 천 년이라는 엄청난 시간이 주어진다. 무슨 뜻인가?
저자는 결국 이러한 형식을 빌려 당신 백성은 물론 모든 죄인을, 심
지어 타락한 용인 사탄까지도 구원하려는 하느님의 무한한 의지를
반영하려 했다고 보겠다.[55]

3.2.5.4 흰말을 탄 이(〈가1〉)

흰말을 탄 이(6,2)에 관한 내용은 비록 한 절에 불과하지만, 그
내용이 지닌 뜻은 매우 깊다. 그는 누구인가? 이 인물의 정체는 묵
시록, 특히 일곱 봉인 해석의 중요한 열쇠가 되기에 학자들의 의견
에 귀를 기울이며 숙고해 볼 필요가 있다.

---

55 이미 언급하였듯 '천'이란 무척 많음을 상징하는 숫자다. 그러니 사탄은 마치 하느
님이 파라오에게 열 가지 재앙 동안 회개의 기회를 주었듯이 회개하기에 넉넉한 시간을
받았다 할 수 있겠는데 그 역시 파라오처럼 끝내 회개하지 않았다. 성경에서 흔히 '분노
에 더딤'으로 표현되는 하느님의 인내는 그분 본성의 큰 특징으로서(로마 15,5 참조), 죄
인이 돌아오기를 기다리는 간절함 그리고 용서하시는 자비와 불가분의 관계를 맺고 있
다. 그러나 동시에 정의도 배제하지 않는다(탈출 34,6-7; 민수 14,18-19; 느헤 9,17; 시
편 145,8; 로마 9,22; 묵시 2,21; 3,20 참조). 본고 3.2.2.3도 참조.

'흰말을 탄 이'는 19,11(《마4》)에서 똑같은 그리스어("ἵππος λευκός καὶ ὁ καθήμενος ἐπ᾽ αὐτὸν")로 다시 나타난다. 그런데 6,2와 19,11의 기수를 같은 인물로 보는 이들은 극히 적고,[56] 많은 학자들이 이에 반대하는 데 그 이유를 모두 정리해서 종합하면 아래와 같다.

- 첫째 봉인은 불행(악)의 꾸러미인 둘째~넷째 봉인과 한 무리에 속하기에 그리스도가 될 수 없다.
- 서로 다른 무기를 가졌다(활≠칼).
- 다른 관을 썼다(화관≠왕관).
- 전쟁의 대상이 다르다(우주적, 불특정한 대상≠사탄과 짐승과 그 봉신국들).
- 봉인을 뗀 어린양(6,1)이 순식간에 말 탄 기수가 되는 것이나(6,2), 봉인을 떼신 분이 네 말 중의 하나를 탄다는 데는 무리가 있다.
  그리하여 6,2의 인물에 대해 여러 가지 정의를 내린다.[57]

---

56 이 둘을 같은 인물로 보는 이들로 2세기 교부 이레네우스, 헨드릭슨(William Hendriksen, *More than Conquerors*, Grand Rapids: Baker, 1944, 113-117), 토마스(J. C. Thomas & F. D. Macchia, *Revelation*, 155-157)를 들 수 있다.

57 악마의 대리자로서 적(敵)그리스도(P. Patterson, *Revelation*, 179) 혹은 가(假)그리스도(Margaret Barker, *The Revelation of Jesus Christ*, T&T Clark, New York, 2000, 153; J. L. Resseguie, *The Revelation of John*, 127), 활 잘 쏘는 파르티아 기수(허규, 『요한묵시록 바르게 읽기』, 성서와함께, 2018, 97). 더 나아가 근래에 들수록 윤리적 · 영적 의미를 의인화한 상징으로 간주하는 경우가 잦다. 예를 들어 복음 전파의 위력(R. 스테파노 비치, 『두려워 말라』, 미주 시조사, Korean Adversist Press, Los Angeles, USA. 가톨릭출판사, 2011, 249; Edmondo F. Lupieri, *A Commentary on the Apocalypse of John*, William B. Eerdmans Publishing Company, Grand Rapids, Michigan/Cambridge, U.K., 1999, 143), 인간의 끝없는 군사적 정복욕(김추성, 『요한계시록 1-9장』, 422; C. R. 쾨스터, 『앵커바이블: 요한계시록 II』, 최홍진 옮김, CLC, 2019, 669-670), 이상적인 완전의 상태에 머물고 있는 인간성(안병철, 『요한묵시록 II』, 220), 인간의 통제를 넘어선 사회적 정치적

흰말을 탄 기수의 정체에 대해 말을 아끼는 6,2와는 달리 19,11-21 에서는 설명이 무척 긴데, 의심할 바 없이 그는 죽었다가 부활하신 예수 그리스도다. 그의 정체와 특징과 활동상에 관한 묵시록의 기록 전체가 마치 이 단락에서 집결된 듯이 여겨진다.[58] 6,2의 기수는 과연 그와 동일 인물인가? 반대 이유들을 숙고하며 차근히 살펴보아야 할 것이다.

먼저, 이제껏 흔히 간주되어 온 대로, 그가 과연 **악 세력에 속하는가** 에 대한 질문부터 해야 할 것이다. 네 기수의 출현이 동일한 형식을 띠고 있는데, 재앙 혹은 불행의 꾸러미가 악 세력이 아니라 하느님 께 속해 있음을 알았기에 흰말 탄 기수 또한 악과 관계가 없다. 오히려 이 단락에서 네 번 거듭 쓰이는 신학적 수동태(ἐδόθη)는 네 기수

기술 등의 힘(J. L. Mangina, *Revelation*, 101), 회개를 위한 계속적인 증거의 삶(민남현 · 박병규, 『요한계 문헌: 신약성경의 이해』, 257) 등이다. 조금 다른 입장으로, 처음 네 봉인이 같은 초인간적 근원에서 비롯하는 것을 인정하되 첫째를 긍정적인 것으로 나머지 셋을 부정적인 요소로 해석하며 이 첫 번째를 통해 승리의 희망을 보여 준다고 한다(G. Biguzzi, *Apocalisse*, 168).

58 '성실하고 참되신 분'(1,5; 3,7.14 참조), '의로 심판하고 싸우시는 분'(16,5 참조), '눈은 불꽃'(1,14; 2,18), '머리에 많은 작은 왕관을 쓰심', '몸에 많은 이름이 적힘'(2,17 참조), '피에 젖은 옷'(5,9; 7,14 참조), '하느님의 말씀'(요한 1,1 참조), '입에서 날카로운 칼이 나옴'(1,16; 19,21), '흰말을 타고 그를 따르는 하늘 군대의 으뜸'(19,19 참조), '쇠지팡이로 다스림'(12,5[시편 2,9 참조]; 참조: 2,27), '하느님 진노의 포도주 확을 친히 밟으심'(14,20 참조. 그리스어 본문은 확을 밟는 이를 정확히 밝히지 않는데 종말 심판자인 사람의 아들일 가능성이 있다), '임금들의 임금'(19,19-21 참조), '주님들의 주님'(5,5-6.9 참조).

전부가 하느님으로부터 직접 소명을 받고 있음을 뒷받침해 준다.[59]

'**활을 가지고**' 있다 함은 무엇을 의미하는가? '흰말 위에 앉은 이'를 19장과 동일 인물로 알아들으면 이 문구는 쉽게 이해할 수 있게 된다. '주님께서 활을 가지고 있다'는 주제는 예언서들에서 발견된다. 하바쿡서 3,8-15는 〈가1〉과 매우 비슷한 장면을 보여 준다. "당신께서 말을 모시고 승리의 병거를 모시니 주님, 강들에게 진노하시는 것입니까? … 당신께서는 활을 꺼내시어 시위에 화살을 메우십니다"(8-9ㄱ절). 승리를 위한 이 진군은 우주적 재앙을 동반하며 주님은 '당신 백성을 구원하기 위해' 진노로써 민족들을 짓밟으신다(12-13절). 흥미로운 점은 하바쿡이 주님의 이런 행위를 파스카의 신비, 거룩한 전쟁(15절)으로 이해하고 있다는 것이다. 즈카르야서 9,14-16에도 상당히 비슷한 장면이 나타난다. 주 하느님께서 '당신 백성을 보호하고 구원하시려고' 활을 쏘며 진군하시는 것이다. 가장 관심이 가는 구절은 신명기 32,23-25와 에제키엘서 5,16-17이다.

---

59 토마스는 그의 파견이 하느님에게서 직접 비롯한다는 데 대해 세 가지 이유를 더 제시한다. 곧, 네 생물은 어좌의 대변인이다; '승리하다'(νικάω: 5,5; 6,2)라는 단어는 5장과 6장이 연속임을 가리키는 표지다; 묵시록이 차용해 온 즈카 1,8; 6,2-6의 네 기수들은 하느님에게서 직접 파견되었다(J. C. Thomas & F. Macchia, *Revelation*, 155). 비록 네 기수가 악의 세력에 속한다고 보는 학자들일지라도 그들이 하느님의 주도권 아래 있음을 얘기하지만, 문제는 이의 근거로서 종종 제시하는 욥 1,12; 2,6의 정황과 묵시 6,2-6 사이에 상당한 차이가 있다는 점을 감안해야 할 것이다.

나는 그들에게 재앙을 퍼붓고 나의 화살을 모조리 쏘리라. 그들은 굶주려 쇠약해지고 열병과 모진 괴질로 죽어 가리라. 나는 그들에게 짐승들의 이빨을 먼지 위를 기는 것들의 독과 함께 보내리라. 밖에서는 칼이 아이들을 앗아 가고 안에서는 공포가 난무하여 총각도 처녀도 젖먹이도 백발노인도 같은 꼴을 당하리라(신명 32,23-25).

너희에게 비참한 굶주림의 화살, 곧 너희를 파멸시키려고 멸망의 화살을 쏠 때, 나는 너희의 굶주림을 더욱 심하게 하고 너희의 양식을 끊어 버리겠다. 나는 또 너희에게 굶주림만이 아니라, 사나운 짐승들을 보내어 너희 자식들을 앗아 가게 하겠다. 그리고 흑사병과 피가 너 예루살렘을 휩쓸어 지나가게 하고, 너를 칠 칼을 끌어들이겠다. 나 주님이 말하였다(에제 5,16-17).

위의 단락이 보여 주는 바는 명백하니 주님이 벌하시려 쏠 화살이란 다름 아닌 '기근과 흑사병(혹은 열사병과 괴질)과 칼과 짐승의 밥'으로서, 재앙 혹은 멸망의 화살이라는 것이다. 만일 우리가 6,2의 '활'이란 주제를 이런 맥락에서 보면 활을 찬 흰말 탄 기수와 함께 등장하는 세 기수들, 곧 동일한 원천으로부터 불림을 받은 네 명 기수들의 소명(⟨가1⟩~⟨가4⟩)이 어떻게 하나를 이루는지를 드러내 줄 뿐 아니라 그 내용이 전개부와 해결부 전체가 제시하는 것과 정확하게 맞아떨어짐을 알 수 있다. 흰말 탄 기수는 하느님의 재앙들을 화살 삼아 동반하고 하느님의 백성을 구할 전쟁에 나아갈 준비를 하는 것이다.

이와 더불어 눈여겨볼 것이 있으니 〈가7〉에 나타나는 '침묵'이다. 다른 일곱 번째 환시들에서 하느님의 강력한 현존을 알리는 표로 '큰 목소리'가 울리는 것과는 대조적이다. '하느님 앞에서의 침묵'이란 주제는 구약성경의 여기저기에 나타난다. 예를 들어 스바니야서 1,7ㄱ("주 하느님 앞에서 조용히 하여라. 주님의 날이 가까웠다")과 즈카르야서 2,17("모든 인간은 주님 앞에서 조용히 하여라. 그분께서 당신의 거룩한 처소에서 일어나셨다")은 당신 백성을 구하시기 전 주님의 준비된 자세와 그러한 현존에 상응하는 현상으로서의 침묵에 대해 말하고 있는데, 이는 곧장 적에 대한 그분의 심판과 파괴로 이어지게 될 것이다. 사실 〈가5〉에서 하느님은 이미 순교자들에게 심판과 복수를 약속하셨고 그 결과도 요한에게 미리 보여 주셨으며(〈가6〉) 합당한 준비 후(〈가7〉) 〈나〉 시리즈부터는 주님의 활동이 본격적으로 시작된다.

따라서 침묵 주제와 더불어 활 주제를 종합하면, 계시의 시작점인 〈가〉에서 하느님은 부활하신 예수를 우주적 재앙과 함께 파견함으로써 당신 백성을 구하려는 준비를 갖추신다. 그리하여 이 그리스도는 온 세상 죄악을 거슬러 '재앙'으로써(〈나〉~〈마〉), 특히 최종 전투에서는 당신 입에서 나오는 '말씀의 칼'로써 악과의 '전쟁'을 치르고 (19,15.21; 참조: 1,16; 2,12.16) 마지막 승리를 거둠으로써 사명을 완수한다. 따라서 활과 칼이라는 서로 다른 무기는 결국 각각의 맥락에 맞는 상징을 차용한 데서 온 것이다.

그에게 왜 화관이 주어지는가?

묵시록은 이름이 다른 두 종류의 관을 소개한다. 먼저 19장의 기수가 머리에 쓴 많은 '왕관'부터 살펴보도록 하자. 그리스어 '디아데마'(διάδημα)는 주로 정치 지도자, 특히 왕이 쓰는 보석이 박힌 화려하고 작은 관을 뜻한다.

여기서 잠깐 왕관에 관한 구절을 자세히 볼 필요가 있다. 17,7-13을 참조하면, 머리 일곱인 짐승(=로마 황제: 17,9ㄴ 참조)의 열 뿔에 열 개 왕관이 얹혀 있고(13,1 참조) 열 임금이 자기들의 권능(δύναμις)과 권한(ἐξουσία)을 짐승에게 넘겨준다. 곧, 속국 왕으로서 종주국 왕에게 왕권을 바치는 것이다(17,13.17). 여기서 '뿔 수(10)=속국 임금의 수(10)=왕관의 수(10)'라는 등식이 성립되고 있다.[60] 쉽게 말하자면, 열 임금이 로마 황제에게 자기들의 통치권(왕관=왕권을 상징)과 힘(뿔=군사력을 상징)을 바쳤다. 로마 황제가 왕관을 뿔에 갖고 있는 것으로 볼 때 그에게 연합군의 군사력은 무엇보다 중요하며 그는 이 군사력으로써 어린양과 그 성도들을 대적하게 될 것이다.

이와 달리 용은 일곱 머리에 일곱 개의 왕관이 있으며, 열 뿔을 가졌다(12,3). 머리는 '으뜸'을 상징하는데 정치적으로는 '왕'을 뜻한다. 성경 본문은 '일곱'이 전체 로마 황제를 의미한다고 한다(17,9-11 참조).[61]▶ 여기서 17,12-13의 공식을 용에게 적용해 보면 '머리

---

60 10은 완전 숫자이긴 하지만 상대적으로 짧거나 적은 것을 상징한다.

수(7)=왕관의 수(7)=모든 로마 황제의 수(7)'가 된다. 짐승의 머리에 왕관이 없음(13,1)은 로마 황제의 왕권이 용에게 속함을 내비치는 중요한 암시로서, 로마의 봉신국 왕들이 로마 황제에게 종속되듯, 모든 로마 황제가 용에게 종속되어 있다는 뜻이 된다. 물론 여기에 로마의 연합 세력(열 뿔)이 자동적으로 따라오는 것은 말할 것도 없다. 본문들을 잘 살펴보면 용이 모든 로마 황제의 '왕권'을 절실히 필요로 한 이유를 알 수 있는데, 로마 황제를 통해 세상의 경배를 받음은 물론 세상을 좌지우지할 수 있을 뿐 아니라(13,2.4) 무엇보다 그의 최상 목적인 여인의 나머지 후손, 곧 그리스도인들과의 싸움이 가능하기 때문이다(12,17). 그래서 그는 자신의 권능과 왕좌와 권한을 로마 황제에게 대여함으로써(13,2) 모든 로마 황제를 자신의 하수인으로 만든 것이다.

그런데 19장의 흰말 탄 기수가 '땅의 임금들을 모두' 물리치고 말았다(19,19-21). 다시 말해 땅의 모든 임금이 그에게 종속되고 말았다. 따라서 그가 으뜸으로서 머리에 '많은 왕관'을 쓴 것은 당연하며(19,12) '임금들의 임금'이라는 칭호를 받을 수밖에 없다(19,16; 참조: 17,14).

이제 6,2에서 흰말 탄 기수가 받는 화관을 살펴보아야 한다. 이 기수는 '화관'(στέφανος)을 받고 승리자로서 나아간다(ἐξῆλθεν νικῶν). 그리

◀61 17,7-11: 로마 황제의 수 '일곱'과 '여덟 번째' 황제에 대하여: 민병섭 161쪽과 187쪽 해제 참조.

스어 '스테파노스'(στέφανος)는 일반적으로 월계관이나 가시관처럼 식물로 만든 관을 뜻하지만, 묵시록에서는 그 이상을 가리킨다. 특별히 신앙의 승리자(ὁ νικῶν)에게 이 관이 약속될 뿐 아니라(2,10; 3,11; 참조: 1코린 9,25) 하느님께 속하고 그분께 충실한 이들이 쓰고 있는데 이들의 관은 종종 금이나 별로 만들어져 그것을 쓴 이들의 존귀함을 함께 드러내기도 한다.[62]

본문을 조금 더 살펴보면 19,16에 나타나는 "임금들의 임금, 주님들의 주님"이라는 흰말 탄 기수의 칭호는 짐승과의 전투에서 승리할(νικάω) '어린양'의 칭호이기도 한데(17,14), 이 '어린양'에 대해 6,2의 바로 앞 문맥인 5,5에서는 "유다 지파에서 난 사자, 곧 다윗의 뿌리"가 승리하였다고(νικάω) 한다. 나아가 19,13의 "피에 젖은 옷"은 5,6의 "살해된 것처럼 보이는" 어린양을 연상시킨다. 그런데 그 어린양은 서 있다. 곧, 부활하였다. 이들을 다 연결해 보면 6,2는 예수가 죽기까지 충실했던 데 대한 열매로 부활이라는 '승리의 화관'을 받았음을 알 수 있다. 실상 2,10에서 죽기까지 신앙에 충실한 이들에게 '생명의 화관'(ὁ στέφανος τῆς ζωῆς)이 약속된다. 그러므로 왕관과 화관은 칼과 활처럼 각각 제 문맥의 뜻에 맞게 선택된 상징인 것이다.[63]▶

---

62 금 화관은 천상의 스물네 원로(4,4), 메뚜기들(9,7), 사람의 아들 같은 이(14,14)가 쓴 반면, 메시아의 어머니(12,1)는 별 화관을 썼다. 스물네 원로들은 영광과 영예와 권능은 오직 창조주의 것임을 고백하며 자기들의 금관을 스스로 어좌 앞에 던져 바침으로써 하느님께 종속 의지를 표현한다(4,1-11).

6,2에서 예수는 죽음을 이긴 신앙의 승리자로서, 곧 '주님들의 주님'으로서 관을 받고 신앙의 더 큰 승리, 곧 악과의 더욱 큰 싸움을 향해 나아가는데[64] 계시의 줄거리의 성격상 처음에는 모든 것이 모호하게 제시된다. 그러나 이야기가 발전되어 마침내 절정과 해결 부분에 이르면 주인공의 정체도 상대의 정체도 구체적으로 드러나기 마련이다. 17,14에서 천사가 어린양과 그 군대의 승리를 예언했던 대로, 과연 그는 마지막 전쟁에서 짐승과 그 연합군을 다 물리치고 더 큰 승리를 얻음으로써(19,17-21) 진군의 목표를 달성하는 동시에 '임금들 중의 임금'이 된다. 따라서 ⟨마5⟩를 ⟨가1⟩ 줄거리의 종착점으로 볼 수도 있겠다.

하지만 해석은 여기서 멈출 수 없다. "흰 ~에 앉아 있었다"는 똑같은 표현이 묵시록 전체에서 네 번 나오는데(6,2; 14,14; 19,11; 20,11) 이는 결코 우연이 아니며 의도된 문학 장치다. 14,14은 마지막 때에 땅의

---

63 그리스어 어휘사전(Freiberg Lexicon)은 화관(στέφανος)을 승리 혹은 천상적 영예와 권위를 상징하는 것으로, 왕관(διάδημα)을 왕권의 상징물로서 이마에 두르는 관으로 설명한다.

64 어좌 앞에 서 있다가(5,6) 봉인을 뗀 어린양(6,1)이 '순식간에' 말 탄 기수(6,2)가 될 수 있는가? 많은 학자들이 흰말 탄 기수를 예수와 동일시하는 데 반대하는 중요한 이유 중 하나다. 하지만 일곱 봉인에 담긴 계시는 예수께서 책의 처음부터 독자들에게 보여 주기 간절히 원하셨던 것으로서(1,1.11.19), 그분이 봉인을 뜯는 순간 계시가 전개되는 것이다. 이는 마치 강사가 강의 도중에 자신이 주인공으로 나오는 동영상을 보여 주는 것에 비길 수 있으며, 사실 6,2-22,5은 '글로 만든 동영상'이라 할 수 있다. 다시 말해 봉인을 열게 되는 배경과 봉인에 담긴 내용은 별도의 것으로서 시간적 연속성을 필요로 하지 않는다.

곡식을 수확하는 이가 '**흰 구름 위에 앉아 있었다**'고 하며 그의 정체를 '사람의 아들 같으신 분'이라 알려 준다. 예수님인 것이다.

문제는 〈마7〉에 나타나는 "**크고 흰 어좌에 앉아 계신 분**"(20,11)의 정체다. 그는 누구며, 그의 어좌는 왜 크고 흴까? 묵시록의 다른 곳 (4,2.9; 5,1.7.13; 6,16; 7,10.15; 19,4; 21,5)에서 어좌에 앉으신 분이 성부라는 이유로 적지 않은 수의 학자들이, 교회 전승과는 달리, 묵시록의 이 부분에서만큼은 최후 심판의 주도자를 성부라고 본다.[65] 과연 그러할까? 3,21에서 예수가 하는 말에 주목해야 한다. "승리하는 사람은, 내가 승리한 뒤에 내 아버지의 어좌에 그분과 함께 앉은 것처럼, 내 어좌에 나와 함께 앉게 해 주겠다."[66][67] 실제로 새 예루살렘에는 하느님(성부)과 어린양의 '한' 어좌가 있을 뿐 아니라(22,1.3) 흰말 탄 기수와 함께 치른 마지막 전투 후에 순교자들은 어좌들을 받고 심판할 권리를 받는다(20,4). 그렇다면 이 모든 것이 의미하는 바는 무엇인가? 예수는 마지막 전쟁에서 승리한 후(〈마5〉), 그리고 모든 악의 근원인 사탄이 영원히 제거된 후(〈마6〉) 아버지와 한 어좌에 앉아 최

---

65 정태현, 『거룩한 독서를 위한 요한묵시록 주해』, 216; 안병철, 『요한묵시록 II』, 204; B. Witherington, *Revelation*, 251; 민병섭 역주, 『요한의 묵시록』, 209.

66 일곱 교회에 보내는 편지(II부)에서 예수는 교회의 신도들에게 이미 악의 승리자로서 말씀하시는 반면, 중심 환시(III부)에서 펼쳐지는 봉인은 구원사의 과정 전체를 보여 주고 있다. 곧, 봉인 밖 시간(II부)과 봉인 안 시간(III부)은 시간의 다른 층에 속한다.

67 예수와 그를 따르는 이들의 운명 사이에는 많은 공통점이 있다(본고 보충 관찰 2 대립 상징들【표2-3】참조).

후의 심판을 집행하는 것이다(⟨마7⟩). 이 어좌가 그를 따르는 이들의 어좌보다 '큰' 것은 당연할 뿐 아니라, 묵시록에서 '흰색'은 그리스도와 그의 성도들 그리고 하늘의 스물네 원로들에게만 적용되는 색이다.[68]

위의 모든 관찰은 다시 한 번 더 '흰말 위에 앉은 이'가 사람의 아들 예수라는 결론을 내리게 할 뿐 아니라 희고 큰 어좌 위에 앉은 심판관도 바로 그분임을 다시 확인시킨다. 실상 ⟨마7⟩의 심판 장면은 "나는 죽음과 저승의 열쇠를 쥐고 있다"(1,18)는 말과 잘 어울리는 동시에 "나는 너희가 한 일에 따라 각자에게 갚아 주겠다"(2,23)와 "흰말을 타신 분은 '정의로 심판하시고' 싸우시는 분"(19,11)이라는 말과도 잘 어울린다. 한마디로 모든 요소들이 한 줄로 꿰어지고 있는데, 이는 초기 그리스도교인들이 사람의 아들이 어좌에 앉아 마지막 심판을 하시리라고 널리 믿었던 그대로다(마태 25,31-33 참조).

종합하면, 중심 환시는 부활하신 예수께서 죽음의 승리자로서 새로운 사명을 받고 나아가는 것으로 시작하여 그 사명을 온전히 다 마친 후 최후 심판을 위해 어좌에 앉는 것으로 끝난다. 그 중간에, 그분은 하느님의 파견을 받은 이로서 전개 부분의 전 과정을 가시적 혹

---

68 묵시록에서 사탄 혹은 악의 세력은 항상 붉은색으로 상징된다. 만일 6,2의 흰말 탄 이를 반(反)그리스도 혹은 악 세력으로 단정할 경우 상징이 헷갈리게 되고, 이렇게 되면 상징은 상징으로서의 가치를 잃어버린다.

은 비가시적으로 인도하며 악의 완전한 정복, 곧 더 큰 승리로 나아가는 것이다. 6,2를 위와 같이 해석하면 전개와 해결부 전체가 얼마나 일관성 있고 통합적인지 드러난다.

3.2.5.5 진군의 특징

또 하나 눈길을 끄는 것은 전개에서 시작해 결말에 이르기까지 이집트 탈출에 대한 암시가 아주 잦게 나타난다는 점이다. 전체 과정을 전쟁으로 표현하는 것도 그러하지만, 사건이 진행되는 과정도 이집트 탈출과 몹시 비슷하다.

— 하느님께서 당신 백성을 구하시기로 마음을 정하시고 위대한 특사를 파견하심(〈가1〉//탈출 2,7-10)

→ 재앙들[69]

→ 회개하지 않는 적들

→ 결정적 전쟁과 심판으로서의 승리(〈마5〉//탈출 14,15-30)

→ 과거와의 결별(21,1//탈출 14,30; 15,19)

→ 찬미가(15,3-4['모세와 어린양의 노래']//탈출 15,1-8)

→ 하느님께서 그들의 하느님이 되고 그들은 당신 백성이 됨

(21,7//탈출 19,5-6)

---

[69] 하느님께서 모세를 파라오에게 파견할 때 사실 그분은 재앙을 더불어 보내셨다. 모세가 파라오를 이길 수 있었던 것은 파라오의 지상적 힘(군사력)이 하느님의 우주적 힘(천재지변)을 당할 수 없었던 때문이다. 같은 식으로, 묵시록에서도 예수는 재앙과 함께 파견되며(〈가1〉~〈가4〉) 로마 황제의 지상적 힘은 하느님과 어린양이 지닌 우주적 힘을 결코 이길 수 없었다.

→ 새로운 세계로 들어섬(새 예루살렘//약속의 땅).

하늘에서 울려오는 "내 백성아, 그 여자에게서 나와라. 그리하여 그 여자의 죄악에 동참하지 말고 그 여자가 당하는 재앙을 입지 마라"(18,4)는 목소리도 강한 파스카적 분위기를 연출한다. 하바쿡이 자기 당대의 역사에서 파스카의 신비를 마음에 그렸듯(하바 3,15) 요한도 묵시록에서 그러하였다. 사실 전개와 해결부 전체를 '부활하신 그리스도가 인도하는 위대한 파스카의 역사(役事) 혹은 하느님 백성의 위대한 파스카 행진'이라 일컬을 수 있고 하느님은 보이지 않는 실제 주인공이라 할 수 있겠다.[70] 예수는 그 파스카의 새로운 모세이지만 모세보다 훨씬 더 위대하니 그분은 당신 백성을 적의 굴레에서 해방하셨을 뿐 아니라 악의 근원 자체를 없애셨기 때문이다. 이리하여 〈가1〉 줄거리의 흐름은 전체 여정의 끝인 〈마7〉에서 마지막 포구에 다다른다.

3.3 결말 부분(21,1-22,5)

해결 부분인 〈마〉는 모호했던 많은 것을 밝히고 성도들의 소망도

---

70 하느님, 곧 성부는 '어좌에 앉아 계신 분'으로 에둘러 지칭되는데, 특히 제기~발단 부분의 압도적인 장면과 신학적 수동태의 전반적인 사용, 그에 더해 성부의 절대적 주도권을 가리키는 '어좌'라는 단어가 무려 41번(어좌 위에, 앞에, 둘레에, 가운데, 어좌에서 등) 나옴으로써 이야기 전체가 그분의 영향 아래서 움직여 감을 시사한다.

다 채웠다. 이제 이야기가 끝나도 되지 않을까? 그러나 결말 부분은 20,11(〈마7〉)과 같은 도입 문구인 "그리고 나는 보았습니다"(Καὶ εἶδον: 21,1)를 사용함으로써 하느님이 계획한 역사(신비)가 아직 계속되고 있다는 것을 알려 준다. 하지만 결말 부분은 비록 그것이 〈마7〉의 연속은 될지언정 구체화나 종속 부분은 아니니 이는 구원 후의 상황을 묘사하는 '후기'(aftermath) 혹은 '결론'(conclusion)으로서, 전개 및 해결부와 어느 정도 분리를 보이면서 대 파스카의 여정 끝에 펼쳐지는 새로운 세상에 대해 이야기하기 때문이다. 혼돈과 악의 근원인 바다는 이제 더 이상 없다. 그리고 이 새 세상의 가장 큰 특징은 무엇보다 하늘과 땅 사이의 막힘이 사라진 것이다. 하늘과 땅은 이제 하나로 결합되었다. 하느님께서 요한을 처음 부르셨을 때 그는 하늘의 문으로 올라가야 했지만(4,1 참조), 이제는 새 예루살렘이 하늘로부터 내려오고 백성들은 하느님과 어린양과 함께 살며 생명나무의 열매를 먹고 영원한 생명을 즐기게 되었다. 인간이 옛 뱀(용)의 거짓말에 속아 잃었던 낙원을 다시 찾은 것이다(복락원). 그리고 이로써 인류 역사의 비밀(신비)은 모두 밝혀졌다(5,3-5; 10,7 참조). 지상 인간의 역사가 숫자 '7'에 의해 규정되었다면, 하늘이 땅으로 내려와 엮는 초(超) 역사 속의 새 예루살렘은 하느님 백성의 총체성과 무결함을 드러내기에 적합한 '12'라는 숫자로 장식되며 더없는 아름다움을 그려낸다.[71] 하느님 계획의 신비는 인간이 상상하거나 기대하

---

71 12성문, 12천사, 12지파, 12주춧돌, 12사도, 12,000스타디온, 144페키스, 12보석, 12진주, 생명나무 열매의 12번 수확. 이 거룩한 도성에는 비겁, 불신, 불륜, 부패, 살인,

는 것(6,10 참조)을 훨씬 뛰어넘는다.

우상숭배, 거짓 등이 없고 하느님의 계명을 지키는, 하느님께 대한 충성만이 남아 있다
(21,27; 22,3-4.15).

중심 환시를 마친 후

4.1 제IV부(22,6-21)

요한은 이제 독자를 다시 현실로 데려온다. 맺음말(IV부)은 한편으로 II부와 III부를 상기시키면서도(22,10-16) 주로 I부에서 사용했던 어휘와 문구를 다시 가져온다. 책의 전체 구조를 수미상관으로 만들며 전체 내용을 봉합해 품는 것이다(inclusion). 이런 반복은 이제껏 읽은 것을 되돌아보게 하는 동시에 시작말의 진정성을 확인하게 만든다. 과연 III부를 거친 후 독자의 태도는 책을 읽기 시작할 때에 비해 달라졌을까? 독자는 앞서 요한이 말했던 예언과 증언이 참된 것(1,1-8)임을 더욱 깊이 받아들이고 "머지않아 반드시 일어날 일들"(1,1)이 하느님과 예수님께서 큰 관심을 가지신 '교회'와 '나'에 관한 일(22,16)임을 확신하게 되며 더욱 굳은 신앙에로 나아가게 될 것이다. 아울러 이미 서두에서 주님께서 곧 오시리라는 것을 들었지만(1,3.7 참조) 마지막에 예수님으로부터 직접 두 번씩이나 거듭해 확약을 받음으로써(22,12.20ㄱ) 깊은 감동에 사로잡히게 된다. 그리하여 예수께서 하신 권고와 칭찬(II부)을 다시 진지하게 되새기고 자신의 삶을 추스르면서 충실과 인내를 굳게 다짐하게 될 것이다. 그리고 마침내 요한과 함께 "아멘. 오십시오, 주 예수님!"을 진심으로 고백하게 될 것이다(22,20ㄴ). 믿음과 희망, 기쁨과 결심이 하나가 되었다. 바로 요한의 집필 목적 달성이 아닌가?

보충 관찰 2 대립 상징들

중심 환시 안에는 대립되는 존재들을 묘사하는 상징들이 여기저기 흩어져 있다. 이들을 마치 조각 그림을 맞추듯 따라가면 그 뜻이 더 잘 드러나 전체 메시지를 이해하는 데 도움을 준다. 본문에서 이미 다룬 내용 외에 아직 해석에 혼선을 낳는 중요한 몇 가지 상징에 대해 논의한 후 대립 상징들을 종합하기로 하겠다.

1) 두 어린양

중심 환시에는 서로 다른 두 어린양이 나온다. 그 하나는 예수님을 가리키는 것이요, 또 하나는 땅에서 올라온 짐승을 가리킨다. 한 어린양은 뿔이 일곱이요(5,6), 또 하나는 뿔이 둘이다(13,11). 이를 어떻게 해석해야 할까? '어린양'(ἀρνίον)이라는 단어는 요한복음서에서 그리스도인들을 가리키기 위해 복수형으로 단 한 번('양 떼' 21,15) 쓰이는 외에[72] 전체 신약성경에서 묵시록에만 스물아홉 번 나오는데 그 가운데 스물일곱 번이 정관사와 함께 쓰여 예수님임을 확실하게 드러내며 그분의 별칭이 된다(영어로 'The Lamb'). 정관사 없이 나오는 두 곳이 바로 5,6과 13,11이다.

5,6에서 요한은 첫눈에 어떤 어린양(a lamb)을 보았다. 그런데 그 양

---

[72] 요한복음서에 예수를 뜻하는 '어린양'이 두 번 나오는데(요한 1,29.36) 다른 단어(ἀμνός)를 사용하고 있다.

은 일곱 뿔과 일곱 눈을 가졌다. 뿔은 힘(권능)을 상징하는데 일곱이란 완전 숫자이니 이를 극단적으로 해석하면 '전능'을 뜻하게 된다. '일곱 눈'은 "온 땅에 파견된 하느님의 일곱 영"이다. 즈카르야서는 "온 세상을 두루 살피시는 주님의 눈", 곧 "주님의 영(성령)"에 대해 얘기한다(즈카 4,10). 성경에서 눈은 흔히 사물의 진실을 깨달아 아는 능력을 뜻하니(창세 3,5; 이사 44,18; 마태 6,22-23 참조), 결국 어린양의 일곱 눈이란 모든 것을 꿰뚫어 아는 성령의 '예지' 혹은 '전지'를 드러낸다. 나아가 5,6ㄱ은 이 어린양이 "살해된 것처럼" 보이지만 '서 계신다'며 우리말 번역의 '처럼'(ὡς: 영어로 as if에 해당)을 '살해된'이라는 단어에 연결하여 결국 이 어린양을, 살해당해 죽음의 상처를 지니셨기에 '마치 죽으신 것처럼 보이지만 부활하신 예수님'으로 알아듣게 만든다.[73]

반면에 둘째 짐승의 경우, 우리말 번역은 똑같이 '처럼'으로 되어 있지만 5,6과는 다른 단어(ὁμοια: '비슷하다, 닮다'의 뜻으로 영어 like에 해당)가 '어린양'을 수식하고 있다. 그래서 13,11을 우리 식으로 말한다면 그는 '일반적인 양을 닮아 뿔을 두 개 갖고 있었다'라는 뜻이 되겠다. 다시 말해 그는 평범한 어린양(a lamb)과 비슷할 뿐이다. '2'는 불완전 숫자이니만큼 이 짐승은 예수님이나 로마 황제 같은 권능도 없을 뿐 아니라, 첫 번째 짐승과 달리 머리에 대한 언급도 없으니 으뜸

---

73 그러므로 5,5-6은 죽었지만 부활하신 예수님이 성령과 힘으로 충만하시어 전지전능하신 분으로서 하느님의 인류 구원 역사에 참여하게 되신다는 뜻이다.

도 아니다.[74] '땅으로부터 나온 짐승'에게 특징이 있다면 어린양인 체 가장하면서 말은 용처럼 하는 것이다. 용은 사탄, 곧 '고발자, 속이는 자'이니 이 짐승 또한 마찬가지일 것을 지레짐작할 수 있다. 실상 묵시록은 이 양의 탈을 쓴 악마의 정체가 '거짓 예언자'임을 밝혀 준다(16,13; 19,20; 20,10). 본문은 둘째 짐승의 모습보다는 그가 활동하는 양상에 대해 훨씬 길게 알려 준다. 그의 활동을 한마디로 축약한다면, 만인에게 경배받고 싶어 하는 로마 황제의 욕구를 철저히 그리고 적극적으로 채워 준다 하겠는데, 그는 황제를 경배하도록 모든 이를 부추기고, 황제 앞에서(13,12.14) 큰 표징들을 일으켜 사람들을 황제 숭배로 이끌어 들일 뿐 아니라 황제의 상을 세워 경배하게 만든다. 우상에게 숨을 불어넣고 말하게 하는 것은 옛날 그리스 신전에서 사제나 영매들이 속임수로 신탁을 전하던 풍습을 반영하는 듯한데, 그의 거짓됨으로는 넉넉히 할 만한 행동이라 하겠다. 이에 걸맞은 것으로서 가장 눈여겨볼 만한 것은 그가 땅의 주민들을 속였다는 문장이다(13,14). '속이다'(πλανάω)라는 단어의 정확한 뜻은 누군가를 잘못된 길로 빠져들게 만드는 것, 미혹시키는 것, 곧 혹세무민하는 것인데 묵시록에서는 주로 우상숭배를 하도록 유도하는 것을 의미하며(2,20; 12,9; 13,14; 18,23; 19,20; 20,3.8.10), 예수님은 바로 이

---

74 흥미로운 점은 (예수) 어린양과 달리 이 어린양에게는 눈에 관한 언급이 없다는 것이다. 용과 첫 번째 짐승의 경우도 마찬가지다. 무슨 뜻인가? 그들 모두에게는 하느님과 예수님이 가지신 예지, 곧 진리를 꿰뚫어 보는 영이 없는 것이다. 그리고 이것이 그들의 모든 행동에 결정적인 영향을 미친다고 보겠다.

문제로 티아티라 교회를 질책하셨다(2,20). 이 둘째 짐승은 속임수의 재주로 사람들을 황제에게 복속시키고, 순종하지 않을 경우에는 죽이거나(13,15) 상권을 박탈한다(13,17). 종교라는 너울을 쓰고 사회, 경제, 정치체제를 뒤흔드는 것이다. 결국 이 둘째 짐승은 황제의 권한을 이용하여(13,12) 사람들의 생살여탈권을 제 손에 거머쥔다. 왜 이렇게 황제에게 극도의 충성을 바칠까? 악에서 떨어지는 부스러기가 달콤하기 때문이다. 권력에의 아부와 무고한 희생을 통해 자신의 욕망을 채울 수 있기 때문이다. 이 두 뿔을 가진 어린양은 살해당해 그 피로 사람들을 속량하고 하느님 나라의 사제직과 왕직을 준(5,9-10; 1,5ㄴ-6 참조) 5,6의 일곱 뿔 어린양과 얼마나 대조되는가!

2) 두 여인

종말의 도래는 '**태양을 입고 발밑에 달을 두고 머리에 열두 개별로 된 관을 쓴 여인**'이 나타나는 것으로 시작되는데(12,1) '일곱째 나팔'(《다7》)과 더불어 "큰" 표징으로 불린다. 이 '여인'은 과연 누구를 가리키는 것일까? 그에 관한 묘사는 구약과 신약에 다 연계될 뿐 아니라 개인과 집단 차원으로 중첩되어 쓰임으로써 이중 상징의 역할을 하고 있다.

• **개인 차원**: (1) 해산의 진통과 괴로움(12,2) 그리고 그녀의 후손이 뱀과 투쟁할 것(12,17)이라는 보도는 창세기 3,15-16과의 연계성을 암시하며 이 여인을 새로운 하와로 가리키고 있다. '생명'이란 뜻을

지닌 히브리어 하와는 "살아 있는 모든 것의 어머니"라면서 아담이 지어 준 이름이다. 그런즉 이 여인은 '모든 생명을 낳는 어머니'다.

(2) 이 여인이 낳은 아이는 쇠지팡이로 모든 민족을 다스릴 것이다(12,5; 19,15 참조). 이는 메시아 시편인 2,9에서 따온 구절인데, 초대교회는 이 시편을 예수 그리스도에 관한 예언으로 이해하였다. 따라서 이 여인은 예수 메시아를 낳은 마리아를 가리킨다.

• **집단 차원**: (1) 창세기 3장에서 여인이 뱀에게 유혹을 받는 것과 달리, 여기서는 위협을 받고 있다. 이 여인은 광야로 인도되고(12,6) 독수리의 날개에 얹혀 피신함으로써 하느님의 보호를 받는다(12,14-16). 이는 구약 이스라엘 백성의 이집트 탈출을 강하게 연상시킨다(탈출 19,4; 신명 32,11-12 참조). 다시 말해 이 여인은 '하느님의 백성'이라는 집단을 뜻하기도 한다. 미카서 4,10에 죄와 악으로 말미암아 해산의 고통을 겪고 마침내 파스카적 구원을 입게 될 여인이 묘사되는데 여기서 칭하는 딸 시온은 바로 이스라엘 백성의 다른 표현이다. 묵시록의 이 여인은 이렇게 하여 딸 시온이라 불릴 수 있다.

(2) 사내아이도 여자도 놓친 용은 여인의 나머지 후손들, 곧 하느님과 예수님께 대한 믿음을 지키는 성도들과 맞서 싸우기로 결심한다(12,17). 묵시록이 쓰이던 시절, 신자들이 박해 중에 허덕인 것이 바로 이 때문이고, 자기방어 능력이 없는 이 여인처럼 그들 또한 하느님의 은총 외에는 기댈 곳이 없었다. 그런데 초대교회 신자들은 예수님을 모든 성도의 맏이로 이해하였다(로마 8,29). 그렇다면 이

여인은 하느님의 새 백성 이스라엘, 곧 성도들의 어머니인 셈이다. 교회 또한 세례를 통해 그리스도교인을 낳으니, 이 여인은 새로운 하와로서 하느님의 새로운 자녀를 낳는 교회를 상징할 수 있게 된다.

12,1이 그리는 여인의 모습이 암시하는 바는 무엇일까? 태양과 달과 열두 별이 함께 상징으로 나오는 곳은 창세기 37,9-10이다. 이곳에서 열두 별(요셉은 열한 형제들과 더불어 나머지 한 별이었다)은 장차 이스라엘 열두 지파의 시조가 될 인물들이요, 태양과 달은 그들을 낳은 야곱 부부다. 한마디로, 해와 달과 열두 별은 이스라엘 백성의 뿌리를 상징하고 있는 것이다. 그런데 단지 숫자 열둘만 나올 경우, 구약은 물론 신약에서도 쉽게 이스라엘 백성 전부를 상징하는데, 이 여인은 열두 별로 된 '관'(그리스어 '스테파노스'로서 6,2에서는 '화관'으로 번역)을 쓰고 있는 것이 특이하다. 이 관은 묵시록에서 신앙의 승리자들이 쓰는 관을 뜻한다 하였으니, 12,1의 묘사는 결국 이 여인이 구약의 하느님 백성 이스라엘에 뿌리를 두고 신앙의 싸움에서 승리한 신약의 새 이스라엘을 가리킨다고 볼 수 있겠다.[75] 이 여인은 "새벽빛

---

75 비슷한 경우를 5,5-6에서 찾을 수 있을 듯도 하다. '어린양'은 '유다 지파에서 난 사자, 다윗의 뿌리'이며 파스카 축제 때 쓰이는 제물로서 구약을 대표하는 동시에, 순교하고 다시 살아나 신약의 백성을 대표하는 인물인 예수를 상징한다. 여인을 묘사하고 있는 상징들에 대해 물론 다른 해석들도 많이 있다(하늘에 나타남=하느님 가까이 있음, 해를 입음=찬란한 빛을 지님, 달을 밟음=그의 위엄과 지배권, 관=탁월한 충실성, 열두 별=이스라엘 백성. J. C. Thomas & F. Macchia, *Revelation*, 215; 해=주님의 신성한 사랑, 달=신

처럼 솟아오르고 달처럼 아름다우며 해처럼 빛나고 기를 든 군대처럼 두려움을 자아내는 저 여인은 누구인가?"라는 아가 6,10의 신부를 연상케도 한다. 묵시록은 교회 혹은 악과의 싸움에서 승리한 성도들을 '아름답게 몸단장을 한 어린양의 신부'로 표현하는데(19,7-8; 21,2.9), 시온의 딸인 이 여인에게 어울리는 표현이 아닌가 싶다.[76]

    결론적으로, 이중 상징을 굳이 한 가지 뜻으로 고정하려면 무리가 생긴다. 예수의 어머니 마리아는 실상 교회의 어머니요 모델로서 교회를 대표한다.

묵시록에서 또 하나의 대표적인 여인은 17장에 나타나는 **'진홍색 짐승을 탄 여인'**이다. 그가 입은 자주색 옷은 사치를 뜻하며(18장 참조), 진홍색 옷은 그를 태우고 다니는 짐승과 같은 색깔로서 용의 색과도 비슷하다. 진홍색은 피의 색으로서 과연 그는 자기가 죽인 이들의 피에 취할 정도로 무고한 피를 많이 흘렸다(16,6; 17,6; 18,24; 19,2). 그의 특성은 【표 2-4】를 통해 쉽게 알아볼 수 있는데, 그는 순결하고 정갈한 어린양의 신부에 대조되는 "대탕녀"요, 성도들을 낳는 어머니와 대조되는 "땅의 탕녀들과 역겨운 것들의 어미"(17,5)다. 이 여인

앙/진리, 열두 별의 면류관=지혜/총명. 양규대, 『요한 계시록 풀이 해설판 제2권: 요한 계시록 12-22장』, 좋은땅, 2015, 12-13 등).

76 왜 이 여인을 '대바빌론'이라는 도시 이름처럼 '예루살렘'이라 표현하지 않았을까? 묵시록이 쓰이던 당시 예루살렘은 이미 폐허가 되어 있었고 영적 소돔과 고모라로 간주되었다(11,8). 그래서 요한은 시온이라는 말을 사용하며(14,1), 구원된 아름다운 세계를 '새 예루살렘'이라는 용어로 소개하는 것이다.

은 로마 황제 위에 군림하며 로마에 주 근거지를 두고 있다(17,3.9 참조). 한마디로, 이 여인은 사치와 타락과 우상숭배로 가득했던 대로마제국(17,4.18)으로서 모든 불륜의 원천이 되었다. 실상 온 세상을 지배하고 있던(17,15) 로마제국은 머리가 일곱이고 뿔이 열인 진홍색 짐승(로마 황제)과 혼연일체가 되어 있었고, 로마 황제들은 대제국을 '등에 업고' 온갖 사치와 권력을 행사하였다(17,3.7). 대부분의 사람들이 해석에 어려움을 겪는 것은 17,16으로서, 짐승(로마 황제)과 열 뿔(종속국 왕들)이 탕녀를 미워하고 그 여자에게서 모든 것을 빼앗아 알몸이 되게 하고 나서 그 여자의 살을 먹고 불에 태워 버린다는 구절이다. 로마제국의 덕을 그렇듯 누린 그들이 왜 그것을 미워하였을까? 사실 제국은 늘 편치 않았다. 왕국의 온갖 곳에서 일어나는 잦은 음모와 폭동, 전쟁과 범죄들은 그들을 제국에 대한 사랑보다는 분노와 증오에 휩싸이게 하였으며 이는 마침내 제국의 패망에 치명적인 원인으로 작용하였다. 우리가 알다시피 네로 황제는 실제로 로마를 불로 태우고 제국을 헐벗게 하지 않았던가!

3) 대립 상징들(【표 2】)

【표 2-1】

하느님	사탄(큰 용/악마/옛날 뱀)
모습: 표현 불능(장엄, 영광, 거룩함, 아름다움…, 4장 참조)	모습: 크고 붉은 용(12,3)
-전지·전능·전권을 지니신 분 -인류 역사의 주도자(알파와 오메가) -하늘과 땅과 바다의 창조주로서(4,11) 천상천하 모든 피조물의 참 경배 대상(4장; 5,14; 11,16; 14,7; 15,4; 19,4) -그분의 길=의롭고 참됨(15,3), 처사=의로움(15,4)	-일곱 머리(+일곱 작은 왕관)와 열 뿔 =큰 권한(왕권)과 권능을 소유 -첫 번째 짐승(로마 황제)에게 자기 권능과 왕좌와 권한을 줌으로써 사람들의 경배를 받음(13,4) -온 세상을 속임, 그리스도교인을 고발(12,9-10)
-여인과 아이를 보호(12,6.14-16) -미카엘의 전쟁과 승리(12,7-9) -로마 황제와 제국의 왕권을 잠시 허락(13,5-7; 17,17)	-여인을 박해하고 아이를 삼키려 함(12,4) -미카엘에게 패배당하고 하늘에서 쫓겨남(12,7-9) ⇒(로마 황제와 제국을 통해) 여인의 나머지 후손들(=성도들)과 싸우기로 작정(12,17)
-사탄의 운명을 좌우(20,1-10) -지금도 계시고 전에도 계셨으며 앞으로도 계실 분	-천 년 동안 지하에 갇혔다가 잠시 풀려나 저항하지만 불 못에 던져져 영원히 파멸(20,1-10)
-주 근거지=하늘(어좌)(4장; 5장)	-근거지=바닷가 모래 위(12,18; 참조: 13,1.11)

【표 2-2】

흰말 타신 분 (부활하신 예수 그리스도)	바다에서 올라온 짐승 (첫 번째 짐승/로마 황제)
*모습: [다니 7,9; 10,5-6 참조] -흰 머리와 머리털(1,14) -얼굴(한낮의 태양처럼 빛남)(1,16; 참조: 마태 17,2) -큰 목소리(≒나팔 소리, 큰 물 소리)(1,10.15) -발(≒놋쇠)(1,15) -입(날카로운 [쌍날]칼이 나옴)(1,16; 19,15; 참조: 2,12) →민족들을 침(19,15.21) -몸: 그분 외에는 아무도 모르는 이름들로 가득(19,12) -오른손(일곱 별=일곱 교회의 천사들)(1,16.20) -일곱 황금 등잔대(일곱 교회) 사이를 거닒(1,12.20; 2,1) (⇒교회의 주인으로서 교회를 돌보심)	*모습: [다니 7,4-6 참조] -발(≒곰)(13,2) -입(≒사자)(13,2) →하느님과 하늘에 거처하는 이들을 모독(13,6) -몸: 하느님을 모독하는 이름들로 가득(17,3)
-머리: 많은 작은 왕관(19,12. ∴용의 머리 위 '일곱' 작은 왕관과는 비교가 안 됨)⇒'임금들의 임금'(17,14; 19,16)	-일곱 머리(13,1): 왕관이 없음(∵왕권은 용의 것[13,2.4]. ∴로마 황제=사탄의 하수인, 이 땅 위 사탄의 현현)(일곱=모든 로마 황제를 의미[17,9ㄴ-11])
-어린양(살해된 듯 보이지만, 서 계심)(5,6) 피에 젖은 옷(19,13), 긴 옷과 금띠(1,13) 죽었다가 살아난 이(2,8), 승리의 화관을 받음(6,2) =순교하셨지만 부활⇒'주님들의 주님'(17,14; 19,16) •일곱 뿔: 충만한 힘(⇒전능)(5,6) •일곱 눈: 충만한 영(지혜, 성령⇒전지), 불꽃 같은 눈(내면을 꿰뚫고 정화함)(1,14; 19,12)	-표범 같아 보임(13,2) 한 황제가 상처 입고 회복되지만(13,3; 참조: 17,11) 멸망하고 말 것임(17,8.11. ∴참된 의미에서 '주님'이 되지 못함) •열 뿔(+열 작은 왕관)(13,1; 참조: 17,12-13) =모든 종속국 왕들의 왕권과 힘을 가짐으로써 얻게 된 로마 황제의 큰 군사력 •눈에 관한 언급이 없음!
-이름: 하느님의 말씀(19,13), 임금들의 임금, 주님들의 주님(19,16; 17,14)	-이름: 666(13,18 [도미티아누스=환생한 네로?])

-하느님 창조의 근원이신 분(3,14) -우주적 자연 재앙과 동반하여 모든 악 세력을 상대로 종말 전쟁을 이끌 권한이 주어짐(6,2-8) -하늘의 군대(부르심 받고 선택된 이들)와 함께(17,14; 19,14) 싸워 짐승과 추종자들에게 승리(19,20-21)	-온 세상을 다스릴 권한이 하느님에게서 주어짐(13,5ㄴ-8) -제한된 시간(3,5년) 동안 활동할 권한과 성도들을 박해하고 승리할 권한이 주어짐(13,5,7) -종속국(로마의 연합군)과 함께 어린양의 부대와 싸우지만 패배(17,13-14; 19,19-21)
-흰말 위에 앉으심(6,2): 전쟁에 나아가기 위해 -흰 구름 위에 앉으심(14,14): 땅의 곡식을 추수(종말) -흰말 위에 앉으심(19,11): 전쟁에서 승리 -크고 흰 어좌에 앉으심(20,11): 최후 심판을 집행	
-속량의 공로로 말미암아 하늘과 땅 위와 땅 아래와 바다에 있는 모든 피조물의 경배를 받음(5,8-13)	-용의 권한과 힘을 빌려, 그리고 둘째 짐승의 조력으로 생명의 책에 기록된 사람들 빼고 온 땅 주민의 경배를 받음(13,4.8.12.15) ⇒"누가 이 짐승과 같으랴?"(=마치 신처럼 행세)(13,4) (←"미카엘=누가 하느님과 같으랴?"[12,7 참조])
-아멘 그 자체, 성실하고 참된 증인(3,14; 19,11), 정의로 심판하고 싸우시는 분(19,11) -당신께 충실한 이들을 속량하고 돌보심(7,14-17)	-거짓 예언자를 통해 무고한 피를 살해하고 세상을 속임 -두 증인을 죽이고 (예수처럼) 소돔/이집트의 한길에 버림(11,7-8)
-사람의 아들 같은 분(1,13; 14,14) -곧 오실 분(3,11; 22,12.20) -쇠지팡이로 세상을 다스리실 분(19,15; 12,5) -죽음과 저승의 열쇠를 가지신 분(1,18) =최후 심판의 주재자(20,11-15) -알파이며 오메가, 처음이며 마지막(1,18; 2,8; 21,6; 22,13), 영원무궁히 살아 계신 분(1,18)	-대로마제국을 등에 업고 권력을 휘두름(17,3,7) -전에는 있었지만 지금은 없고, 곧 나타나겠지만 마침내 유황 불 못으로 떨어져 영원히 없어질 것(17,8-11; 19,20)
-주 근거지: ①시온산=어린양의 진지(14,1); ②새 예루살렘=온갖 아름다움, 평화, 충실, 하느님과 어린양과 성도들이 함께 사는 곳(21,9-22,5)	-주 근거지: ①바다/지하(=혼돈의 세계. 13,1; 11,7; 17,8); ②로마(=대바빌론[17,9ㄴ]=온갖 영화, 사치, 방탕, 피[살인], 불륜, 오만으로 가득 찬 곳)

【표 2-3】

그리스도교 성도들	땅에서 올라온 짐승(두 번째 짐승)
-어린양의 추종자들 -희고 긴 겉옷 혹은 희고 깨끗한 아마포 옷을 입음(7,13-15; 19,14) (=어린양[The Lamb]이신 예수처럼 고귀한 품위를 지님)	-첫 번째 짐승의 추종자로서 거짓 예언자 (→그로 인해 많은 이가 첫 번째 짐승을 추종하게 됨) -일반적인 어린양(a lamb)을 닮음(=두 뿔. 13,11)
-거짓이 없고 흠이 없음(14,5) -어린양만을 따름(14,4): 자발성	-거짓과 속임수, 용과 같은 언변과 표징들로써 세상을 오도 -황제의 상을 세우고 경배를 강요함(13,14-15): 강제성
-이마에 어린양의 이름과 그 아버지의 이름이 적혀 있음(14,1)	-이마에 황제의 이름(혹은 상징 숫자)을 받게 함→상권 장악(13,16-17)
-어린양이신 예수의 운명과 비슷(=고난과 상[賞], 흰말을 탐, 승리, 화관을 씀, 샛별 [2,28; 22,16], 쇠지팡이로 민족들을 다스림, 어좌에 앉아 민족들을 심판함)	-첫 번째 짐승의 운명과 비슷 (=세속의 영화, 종말의 벌)
-하느님과 그리스도의 사제로서 천 년 동안 다스림(20,6) -두 번째 죽음을 당하지 않음(2,11; 20,6)	-불 못으로 떨어져 파멸(19,20) -두 번째 죽음을 당함(20,10.14-15; 21,8)
-주 근거지: 시온산(14,1)(산=하느님과 만남의 장소)	-주 근거지: 땅(13,11)(=땅의 일에만 몰두, 결코 하늘을 우러러보지 않음)

【표 2-4】

시온/교회	대바빌론/대로마제국
-태양을 입고 달을 발판 삼으며 열두 별로 된 관을 쓴 **여인**(12,1) (=구약의 하느님 백성에 뿌리를 두고 신앙의 싸움에서 승리한 신약의 새 이스라엘 백성)	-진홍색 짐승을 타고 자주색(사치)과 진홍색(≒짐승과 용의 색깔) 옷을 입고 온갖 보석으로 치장하고 손에 불륜과 더러움으로 가득 찬 금잔을 든 **여인**(18장 참조)
-메시아와 성도들(하느님의 계명을 지키고 예수님의 증언을 간직하고 있는 이들)의 **어머니**(12,2.5.17 참조)	-땅의 탕녀들과 온갖 역겨운 것들의 **어미**(17,5)
-**어린양**의 단장한 **신부**(19,7-9; 21,2) =새 예루살렘/시온(21,9): 천상 교회	-**대탕녀**(17,1)(=사치, 부, 욕망의 화신) =대바빌론=대로마제국(17,15.18): 지상적 세상
-해산의 진통, 용에게 위협당함(12,2.4)	-그리스도교인과(17,6) 많은 사람을 살해(18,24) -땅의 임금들과 땅의 주민들을 우상숭배로 이끎(17,2). -로마 황제(짐승) 위에 군림하지만(17,8) 황제와 종속국 왕들의 미움과 착취로 말미암아 몰락을 향함(17,16)
-하느님이 친히 보호하고 구원해 주심(12,5-7), 광야에 처소 마련, 독수리 날개, 땅의 도움, 미카엘의 활약	하느님이 진노의 술잔을 마시게 함(16,19) ⇒무너짐(14,8; 16,19; 18,2), 던져짐(18,21), 불에 탐(19,3)
-주 근거지: ①이 땅에서는 잠시 광야에(12,6ㄱ.14), ②미래에는 새 예루살렘/시온에(21,9-22,5)	-주 근거지: ①광야(17,3), ②바빌론/로마: 미래 없이 멸망(17,9ㄴ.18)

.5.

종합과 결론

5.1 글의 짜임새

중심 환시는 상징을 해석하기도 어렵지만 글의 전개를 이해하는 데
혼란을 겪게 되는 것으로도 유명하다. "묵시록의 자료들을 순차대
로 엄정히 배열하려는 어떤 시도든 이미 실패하게 되어 있다"는 마
운스의 말대로[77] 거의 모든 학자들이 중심 환시의 시간적 혹은 순차
적 배열에 회의적이다. 하지만 이는 우리가 앞서 한 관찰과는 무척
다르다. 오히려 성경 주석에서 널리 알려진 '본문의 짜임새를 더 많
이 이해할수록 본문의 의미를 더욱 잘 알 수 있다' 혹은 '형식은 내용
을 반영한다'라는 말이 묵시록에도 그대로 적용된다 하겠다.

중심 환시(III부)는 내적 구조로나 구성으로나 믿기지 않을 정도로

---

[77] R. H. Mounce, *The Book of Revelation*, Grand Rapids, Michigan/Cambridge, U.K.,
1998², 207.

조직적인 동시에 통합적이며, 엄격한 순서를 따라 진행되고 있다. 먼저 구조(structure)상으로 요한은 환시들을 각각 일곱 개의 소문학 단위로 이루어진 다섯 시리즈('7×5')로 만들고 이들을 꼬리물기식으로 연결하여 한 몸을 갖추도록 설계하였는데, 단순한 원칙 아래서도 단락의 길이를 달리하거나 단락 사이의 경계를 때로는 확실하게 때로는 불확실하게 만듦으로써 기계적 반복에서 오는 단조로움과 딱딱함을 없이하였다. 마태오 사가가 하느님 섭리의 역사를 '14×3'이라는 도식으로 표현해 내었듯(마태 1,1-17), 요한묵시록은 '7×5'의 도식으로써 이를 표현한다. 알파요 오메가이며 시작이요 마침이신 하느님, 그분의 계획은 치밀하고도 완전하며 거기서는 그 어떤 것도, 그 누구도 배제되지 않는다.

나아가 구성(organization)상으로는 설화의 역동성을 도입함으로써 독자에게 최대한의 영향을 미치려 한다. 여기에 덧붙여 줄거리의 다양한 순간들(설화적 구성)을 구조와 발맞추어 펼침으로써 참으로 놀라울 정도의 조화와 통일성을 이루어 낸다(【표 1】참조). 비록 이 소논문에서 섬세하게 다 다루지는 못하였지만 거시와 미시 세계의 상응, 같거나 비슷한 단어나 어구의 반복, 설화적 속도 조절(narrative pace), 서로 맞물리는 대립 상징들, 섬세하면서도 극적인 묘사, 점층법, 마침내 관사의 유무나 단수와 복수의 사용법에 이르기까지 어느 한 곳 예외를 찾아보기 어려울 정도로 중심 환시는 정교한 짜임새를 드러내고 있다. 그럼에도 불구하고, 아직 해결해야 할 문제가 남아 있다. 묵시록의 시제 문제다. 예를 들어 7장 끝에서 구원의 완성을 드러내듯 아름다운 장면을 노래하자마자(〈가6〉) 다시 재앙이 등장하고(〈나〉), 승리의 노래를 구가한 후(〈다4〉) 곧 다시 심판을 경고하는 장면이 나오는 등 헷갈리기 십상이다. 요한은, 많은 학자들이 말하듯, 환시들을 배열해 나갈 때 사건의 순차나 시간에 대한 개념이 정말 없었을까? 찬가와 영광송들은 특히 이러한 결론을 내리는 데 결정적인 역할을 하였으니 이야기의 흐름을 급작스레 끊어 혼란을 가중시키기 때문이다.

5.2 두 개의 시각

묵시록 안에는 시간에 관해 서로 다른 두 종류의 시각(視覺)이 공존한다. 하나는 지상의 인간이 경험하는 시간개념을 따라서 보는 순차적인 시각(chronological perspective)이다. 사건이 진행되어 가는 순서대로 보기에 독자는 큰 어려움 없이 그것을 따라가게 되는데, 중심 환시에서 하느님의 구원 행위가 계획된 차례를 따라 진행되는 것이 여기 속하겠다.[78] 또 하나의 시각은 유한한 시간의 제약을 넘어선 천상 존재들이 가진 시각으로서, 과거와 현재와 미래를 한꺼번에 통틀

---

78 이 가운데 일곱 봉인(〈가〉)은 특별하다. 마치 씨앗처럼 미래에 일어날 역사의 전체 과정(〈나〉~〈마〉)을 함축하고 있기 때문이다. 예를 들어 여섯째 봉인은 후에 일어날 엄청난 종말 재앙은 물론(6,14//16,20; 20,11) 결말에서나 보게 될 구원의 상태를 앞질러 보여 준다(7,15-17).

어 보는 초월적인 시각(transcendental perspective), 곧 초시간적 시각으로서, 영광송과 찬가에 주로 나타난다.[79] 하늘의 존재들은 바로 이러한 시각으로 영원을 기리거나 미래를 미리 내다보며 찬미하고, 앞으로 닥칠 불행을 예고하기도 하며, 거기에 바탕하여 요한이 보고 듣고 있는 사건에 함축된 깊은 뜻을 알려 주기도 한다. 예를 들어 일곱째 나팔이 울릴 때(〈나7〉) 지상적인 시각만을 가진 독자는 지금 천상 존재들이 부르는 영광송과 찬미가의 의미를 아직 모르는데, 천상 존재들은 이미 그 나팔에 실려 있는 뜻을 다 꿰뚫어 알아 노래하며 찬미하고 있는 것이다.[80] 이에 따라 천상 존재들이 말한 미래적 사건

---

[79] 하느님의 영원한 영광을 노래하는 영광송들이 주로 현재나 미완료 시제를 많이 쓰는 반면, 그분의 구원 업적을 노래하는 찬가들에서는 활동의 성격을 강조하기 위해 반과거 시제를 즐겨 쓰는 점도 눈여겨볼 만하다.

[80] 일곱째 나팔 단락(〈나7〉)이 10,7("일곱째 천사가 불려고 하는 나팔 소리가 울릴 때 … 그분의 신비가 완전히 이루어질 것이다")의 장엄한 맹세와 맞아떨어지지 않는다는 지적은 자주 있었다. 사실 〈나7〉은 대단한 사건을 기대하던 독자들을 실망시키기 일쑤였다. 이 때문에 주석가들은 11,15-19와 10,7과의 상관관계를 아예 외면하거나, 때로 세상 나라가 하느님의 나라로 변했다는 선포 자체를 곧장 신비의 완성으로 간주하기도 하며(E. F. Lupieri, *A Commentary*, 184; 박영식, 『오늘 읽는 요한묵시록』, 266), 11,15-18을 순전히 옛 전례 기도의 한 부분으로 여기기도 한다(G. Biguzzi, *Apocalisse*, 224-225). 하지만 우리가 관찰한 환시의 구조는 〈마〉까지가 모두 일곱째 나팔에 속함을 알려 주니 10,7의 맹세는 어김없이 이루어진 셈이다. 넓고 긴 천상적 시각과 좁고 짧은 지상적 시각의 차이가 잘 드러나는 예라 하겠다. 이를 조금 더 세밀히 본다면, 10,7에서는 시제보다는 동사의 내용에 초점을 두는 반과거형 동사(ἐτελέσθη)를 써서 '하느님의 신비가 꼭 이루어지고 말리라는 사실'을 강조한 반면, 16,17에서는 시간적 성격에 관심을 두는 현재완료형(γέγονεν)을 써서 '이제 다 이루어졌다는 것'을 강조한다. 요한복음서에서 비슷한 현상을 볼 수 있다. 요한 19,30에서 예수님은 현재완료형(Τετέλεσται)을 써서 당신 소명의 완결을 선포하시는데 이 일에 관해 예고할 때는 반과거형(ἐτελέσθη)을 사용하신다(요

이 현실이 될 때 혹은 사건의 깊은 의미를 뒤늦게 깨닫게 될 때 독자들은 하느님의 구원 역사가 진행되고 있음을 느끼며 더욱 큰 신뢰를 갖게 된다. 이렇게 두 가지 시각을 같이 섞어 쓰는 것은 극적인 효과를 창출한다. 따라서 환시에 나타나는 모든 것을 오직 지상 시간의 시각으로만 접근할 경우 혼란을 겪을 수밖에 없다.

여기서 흥미로운 사실을 하나 덧붙여야 하니 묵시록의 찬가들이 옛날 그리스 연극에서 활용하던 코러스와 거의 같은 역할을 하고 있다는 점이다. 코러스는 '극의 내용을 관객들에게 설명하고 해설하는 역할, 배우의 내면 심정을 대신 이야기함으로써 분위기나 감정을 고조하는 역할, 무대장치가 거의 없던 당시에 관객들에게 스펙타클을 제공하는 무대장치의 역할을 담당하였고, 작가의 견해나 등장인물을 심판할 표준을 설정하는 등 희곡의 윤리적 틀을 세워 주었다.'[81] 요한은 당대 그리스 코러스의 역할을 차용함으로써 자신의 책을 더욱 깊이 있고 아름답게 꾸미려 하지 않았을까? 사실 묵시록에서, 특히 중심 환시에서는 지상과 천상, 시간과 영원, 사건과 사건의 내적 의미가 서로 격의 없이 만난다. 따라서 찬가들은 묵시록 해석을 헷갈리게도 하지만, 묵시록의 핵심 정신을 가장 잘, 아름답게 드러내 주기도 한다. 묵시록의 저자는 이 두 시각을 섞어 보여 줌으로써 독

한 5,36; 17,4).

[81] "그리스 연극에 있어서 음악과 코러스의 중요성과 의의", 네이버 블로그(https://homey2.tistory.com/entry/연극이론-2-그리스-연극) 참조.

자나 청자에게 더 큰 영향을 미치는 것이다.

5.3 중심 환시의 신학과 영성

신학: 묵시록은 시종일관 엄청난 '하느님 그리고 그리스도 중심적 신학'을 보인다. I부, II부, III부, IV부 모두가 살해당하여 당신 피로써 인류를 구원하시고 머지않아 죽은 이들을 심판하러 다시 오실 부활하신 주님께 대단한 무게를 두고 있다. 그 가운데서도 III부(중심 환시)는 최종 구원을 위한 그의 활약으로 더욱 빛을 발한다. 하지만 전체 계시의 숨어 있는 주인공은 한 치 의심할 바 없이 하느님이시다. 하느님은 당신의 대리자들을 파견하심으로써 구원 역사를 이루어 가시는데, 죽음에서 승리한 그리스도는 파견된 이들 중 으뜸으로서 가시적 또는 비가시적으로 전체 구원사의 과정을 이끌어 간다.

영성: 중심 환시에는 탈출과 광야의 영성이 고스란히 배어 있다. 우리는 앞에서 구약성경의 파스카를 넘어서는 '대 파스카'의 영성이 이곳에 담겨 있음을 보았다. 광야는 한편으로는 하느님의 자애로운 돌보심을 맛보는 곳이요(12,6.14 참조), 또 한편으로는 악의 세력이 거처하는 곳이다(17,3 참조). 이는 요한 당대의 그리스도교인들의 현실에 참으로 잘 들어맞는, 우리보다도 훨씬 더 살에 와닿는 매일의 상황이었다. 악이냐 선이냐? 배교냐 순교냐? 죽음이냐 생명이냐? 절망이냐 희망이냐? 그래서 그들은 약속의 땅, 다시 말해 새로운 세상

에 들기 위해 매 순간 신앙 결단을 하지 않을 수 없었다, "어느 것이 참 행복을 향한 길이지?" 하면서.[82]

시간도 같은 역할을 한다. 초기 그리스도교인들은 자기들이 이미 시작되었지만 아직 완전히 실현되지 않은, 하느님 약속의 때인 '카이로스'를 살고 있다고 믿었다. 묵시록은 하느님께서 당신을 충실히 섬기는 사람을 반드시 약속의 땅 새 예루살렘으로 데려가 주신다고 한다. 새 예루살렘은 공간적인 아름다움을 넘어 유한한 시간의 제약으로부터 또한 불경한 세상으로부터의 파스카인 동시에 (21,17; 22,2.5) 무엇보다 '하느님과 함께 사는 삶'이다(21,3-4.22-23; 22,3-5). 그리고 이야말로 온 우주와 사람을 만들고 축복하신 하느님 창조의 원래 계획이 이루어지는 것이다.[83]

따라서 고통 속에서도 인내와 충실성을 잃지 않고 하느님과 함께 사는 법을 안다면 독자는 험난한 시간 안에서도 이미 종말을, 곧 새 하늘, 새 땅, 새 예루살렘을 맛보고 있는 셈이다.[84] 묵시록의 저자는 고통이 우리를 하느님께로 데려가 그분을 진짜로 만날 수 있게 하

---

82 묵시록에는 행복으로 가는 길을 알려 주는 행복 선언이 일곱 번(!) 나온다(1,3; 14,13; 16,15; 19,9; 20,6; 22,7; 22,14).

83 '생명수의 강'이나 '생명나무' 등 새 예루살렘과 창세기 2-3장 사이의 상응성, 특히 '인간과 하느님의 온전한 공존'의 회복(창세 3,24 참조)은 새 예루살렘이 잃었던 낙원을 되찾는 복락원인 동시에 하느님 창조의 완성임을 드러낸다(21,6 "다 이루어졌다" [Γέγοναν] 참조).

84 각주 47 참조.

는 정화제요 힘이며, 인내가 그 고통을 이겨 내도록 도와준다고 말한다. 사실 묵시록에는 행복칠단뿐 아니라 신도들의 인내 또한 일곱 번(!)에 걸쳐 강조된다(1,9; 2,2.3.19; 3,10; 13,10; 14,12). 온전한 인내만이 변절의 유혹을 벗어나 하느님과의 관계를 유지시켜 주기 때문이다. 신구약을 통틀어 성경은 하느님의 의로우심과 인간의 의로움에 대해 끊임없이 이야기하는데 묵시록도 예외는 아니다. 하지만 여기서는 최후 심판의 의로움을 계속 강조하는 가운데 인간 의로움의 다른 표현이라 할 수 있는 충실성, 곧 그리스도(어린양)께 충실해야 함에 역점을 둔다. 신도는 현세적인 어려움이나 죽음을 불사하고 어린양이 어디를 가든 함께 가야 하며(11,4 참조) 그의 군대의 일원으로서 악 세력과의 전투에 함께해야 할 것이다(19,14.19; II부의 '승리하는 이'에 대한 잦은 언급 참조). 이렇게 고통과 인내와 충실성을 특별히 강조하는 영성은 당시 시대 상황의 산물이라 볼 수 있겠는데 마음 가운데 오직 참 하느님 한 분만을 모실 때(忠) 인간은 행복의 완성인 참 생명(영원한 생명)을 얻으며, 양다리를 걸치는 것은 결국 인간을 병들어(患) 죽게 만든다는 것을 힘주어 말한다 하겠다.

5.4 결론

묵시록은 한 부분씩 잘라 읽으며 해석하는 대신 한결 넓고 통합적인 시각으로 읽을 때 우리에게 전혀 다른 세상을 보여 준다.[85] 자기 내면에 감춘 아름다움과 메시지를 조금씩 더 열어 보여 주는 것이다.

사실 중심 환시는 복잡하고 혼란스러운 글이 아니라 '7×5라는 반복적 형식의 구조'와 '설화적 구성'을 따른, 어찌 보면 참으로 단순한 원칙 위에서 쓰인 글이다.[86] 그 짜임새는 어떤 임의적 해석도 용납할 수 없을 만큼 과학적이고, 섬세한 묘사와 설화적 역동성은 높은 심미적 차원을 드러내며, 여러 상징들을 비롯한 구약성경의 차용이나 그리스도교 신앙의 전통에 확고함은 그 신학적 깊이를 알려 준다. 종합하여, 중심 환시, 더 나아가 요한묵시록이라는 책은 과학과 예술과 신학이 어우러져 만들어 낸 고도의 문학작품인 동시에 초대교회의 신앙고백이라 할 수 있겠다. 아울러 독자의 응답을 끌어내기 위한 끊임없는 배려는 당시 그리스도인들을 향해 저자가 가졌던 사랑과 염려가 얼마나 지극하였는지를 여실히 드러내 보여 준다.

글을 마치며 마지막으로 마음에 떠오르는 질문이 있다. 요한묵시록을 두고 많은 사람이 "이 책은 혼란스럽다, 무섭다, 종말 심판이 두렵다, 그래서 읽기가 주저된다"고 말한다. 그런데 요한에게서 이 '책-편지'를 직접 전달받아 읽거나 들었던 신자들도 오늘의 우리처럼 그런 말을 했을까?

---

85 묵시록이 한 저자에 의해 쓰인 것은 분명하다. 이에 따라 역사비평을 이용한 통시적 접근은 더 이상 필요하지 않다.

86 우주원리의 단순성을 놓고 아인슈타인은 "이 우주에 관하여 가장 이해하기 어려운 것은 우주가 너무 이해하기 쉽다는 점이다"라고 했다(제랄드 슈뢰더, 『신의 숨겨진 얼굴: 과학이 드러낸 궁극적 진실』, 손광호 · 박영혜 옮김, 하늘곳간, 2006, 199).

탈출기 1-14장에 실린 열 가지 재앙도 따지고 보면 상당히 무서운 것들이다. 거기서도 물이 피로 변하고 메뚜기들이 온 이집트를 덮는가 하면 번갯불과 함께 엄청난 우박이 내리쏟아지고 해가 자취를 감춰 어둠의 세상이 되며 모든 맏배들이 처참하게 죽임을 당한다. 점차 강하게 꼬리에 꼬리를 물고 닥치는 재앙들 앞에서 이집트인들은 얼마나 공포에 떨었을까? 하느님의 큰 심판으로서 재앙(탈출 6,6; 7,4)을 겪는 파라오는 모세가 입을 열 때마다 내심 얼마나 두려웠을까? 반대로, 이 이야기를 읽거나 듣던 유다인들은 어떤 느낌을 받았을까? 강대국 이집트의 압제 아래서 벌벌 떨며 순종하거나 죽거나 타협하지 않으면 안 되었던 그들로서는 이집트인들이 하느님 앞에 꼼짝 못한 채 무너지는 모습을 상상하며 혹시 엄청난 해방감과 통쾌함을 맛보지는 않았을지? 나아가 하느님께 보호받는 자신들을 두고 새로운 용기와 자존감을 회복하며 거듭 하느님을 찬미하지는 않았을지?

같은 맥락에서, 로마의 잔인함에 몸서리를 치며 혹독한 고통과 무서움을 벗어날 길 없던 그리스도인들이 묵시록이 전하는 그 모든 엄청난 재앙들이 자신들을 위해 하느님에게서 오는 것을 알았다면 어떠했을까? 천하무적 대제국으로 여겼던 로마의 힘이 하느님 앞에서 하릴없이 무너지는 것을 보며 탈출기를 읽던 유다인들과 비슷한 심경을 갖지는 않았을까? 다시 말해 그 재앙들이 오히려 자신들의 승리를 보장하는 하느님 승리의 증거물로 다가오지는 않았을까?

이와 더불어 묵시록 안의 많은 찬가들에 대해서도 다시 생각해 볼 만하다. 사람들은 종종 이들을 바탕 문맥의 칙칙한 색을 완화해 주는 밝은색 혹은 쓴맛을 없애는 달콤한 양념과 같은 것으로 여긴다. 하지만 이 찬가들은 창조주 하느님의 엄위로운 다스림, 그분의 영광과 권능과 천상적 아름다움과 함께 구원을 위한 삼위일체 하느님의 역사하심은 물론 신도들의 영광스러운 정체(正體)에 이르기까지 그리스도교 신앙의 요체를 선포하고 있다. 따라서 이들은 결코 책의 부차적 요소들이 아니라 이 땅의 구원사를 하늘과 하나로 통합하는, 줄거리와 대등하게 중요한 요소라 할 수 있겠다. 요한은 이 땅의 독자들이 온갖 천상 존재들의 찬미와 신앙고백의 대열에 함께 끼어 자기들 신앙을 자축하기를 참으로 간절히 바랐으리라.

그렇다면 요한묵시록은 결코 우리를 협박하며 불안으로 몰아가는 책이 아니다. 비록 회개와 충실로 이끌기 위해 위협적인 장면이 동원되기는 하지만 "더 이상 로마를 겁내지 마라. 설혹 죽임을 당할지라도 안심하여라"(14,13 참조)며 하느님께 속한 이들이라면 언제나 보호(유보와 제외의 형식 참조)와 승리가 보장되어 있음을 알려 주는 책, 마치 탈출기 1,1-15,21을 읽던 유다인들에게처럼 위로와 격려, 안도와 희망을 전하는 책이다. 사실 요한은 첫머리부터 이 책을 읽고 그 내용을 지키는 이들의 행복에 대해 말하고 있지 않는가!(1,3 참조). 이제 새로운 식의 요한묵시록 이해는 새로운 눈으로 책을 만나 보기를 요청하고 있다.

참고문헌

주교회의 성서위원회 편찬,『요한묵시록』, 임승필 옮김, 한국천주교 중앙협 의회, 2002.

김추성,『요한계시록 1-9장』, 킹덤북스, 2018.

마르그라, 다니엘 · 부르캥, 이방,『성경 읽는 재미: 설화분석 입문』, 염철 호 · 박병규 옮김, 바오로딸, 2014.

메스테르스, C.,『박해받는 사람들의 희망: 요한묵시록 강해』, 정승현 옮김, 광주가톨릭대학교, 2007.

민남현 · 박병규,『요한계 문헌: 신약성경의 이해』, 바오로딸, 2017.

민병섭 역주,『요한의 묵시록』, 분도출판사, 2002.

박영식,『오늘 읽는 요한묵시록』, 바오로딸, 2012.

슈뢰더, 제랄드,『신의 숨겨진 얼굴: 과학이 드러낸 궁극적 진실』, 손광호 · 박영혜 옮김, 하늘곳간, 2006.

스카, 장 루이, "공시적 방법: 설화분석", 시미안 요프레 엮음,『구약성서 연 구방법론』, 박요한 영식 옮김, 성서와함께, 2000, 223-270.

스테파노비치, R.,『두려워 말라』, 하홍팔 · 도현석 공역, 미주 시조사, Korean Adversist Press, Los Angeles, USA. 가톨릭출판사, 2011.

안병철,『요한묵시록 I』, 가톨릭대학교출판부, 2001^2.

──,『요한묵시록 II』, 가톨릭대학교출판부, 1996.

양규대, 『요한 계시록 풀이 해설판 제2권: 요한 계시록 12-22장』, 좋은땅, 2015.

정태현, 『거룩한 독서를 위한 요한묵시록 주해』, 한님성서연구소, 2007.

쾨스터, C. R., 『앵커바이블: 요한계시록 I』, 최홍진 옮김, CLC, 2014.

──, 『앵커바이블: 요한계시록 II』, 최홍진 옮김, CLC, 2019.

허규, 『요한묵시록 바르게 읽기』, 성서와함께, 2018.

Barker, Margaret, *The Revelation of Jesus Christ*, T&T Clark, New York, 2000.

Biguzzi, Giancarlo, *Apocalisse*, Paoline Editoriale Libri, Torino, 2005.

Blount, Brian K., *Revelation. A Commentary*, Louisville: Westminster John Knox Press, 2009.

Boxall, Ian, *The Revelation of Saint John*, London/New York: Continuum, 2006.

Fair, Ian A., *Conquering with Christ, A Commentary on the Book of Revelation*, Abilene, Texas: Abilene Christian University Press, 2011.

Farmer, Ronald L., *Revelation, Chalice Commentaries for Today*, St. Louis: Chalice Press, 2005.

Fee, Gordon D., *Revelation*, Eugene, Oregon: Cascade Books, 2011.

Fiorenza, Elisabeth Schüssler, *Revelation. Vision of a Just World*, Proc-

lamation Commentaries, Minneapolis: Fortress Press, 1991.

Harrington, W.J., *Revelation*, Collegeville, MN, 1993.

Hendriksen, William, *More than Conquerors*, Grand Rapids: Baker, 1944.

Lupieri, Edmondo F., *A Commentary on the Apocalypse of John*, William B. Eerdmans Publishing Company, Grand Rapids, Michigan/Cambridge, U.K., 1999.

Mangina, Joseph L., *Revelation*, Grand Rapids, Michigan: Brazos Press, 2010.

Mounce Robert H., *The Book of Revelation*, Grand Rapids, Michigan / Cambridge, U.K., 1998².

Mueller, Wayne D., *Revelation*, Concordia Publishing House, St. Louise, 1997.

Patterson, Paige, *Revelation, The New American Commentary*, Nashiville, Tennessee, 2012.

Resseguie, James L., *The Revelation of John, A Narrative Commentary*, Baker Academic, Grand Rapids, Michigan, 2009.

Rowland, Christopher C., *The Book of Revelation, Introduction, Commentary, and Reflections*, Abingdon Press, Nashville, 1998.

Smalley, Stephen S., *Thunder and Love*, Milton Keynes: Nelson Word Ltd., 1994.

——, *The Revelation to John, A Commentary on the Greek Text of the Apocalypse*, Downers Grove, Illinois: Inter Varsity Press, 2005.

Thekkemury, J., *Unveiling the Apocalypse, A Guide to the Book of Revelation*, Mumbai: St Paul Press, 2011.

Thomas, John Christopher & Macchia, Frank D., *Revelation*, Grand Rapids, Michigan, 2016.

Witherington III, Ben, *Revelation*, Cambridge, New York: Cambridge University Press, 2009[4].